TEN PEOR COCHE
QUE TU VECINO

LIBERTAD FINANCIERA

1. Preahorro

2. Interés compuesto

Luis Pita

Vive donde quieras,
trabaja en lo que te gusta,
vete de vacaciones cuando te apetezca.
Con una condición:

TEN PEOR COCHE QUE TU VECINO

MADRID   BARCELONA
MÉXICO D.F.   MONTERREY
BOGOTÁ   BUENOS AIRES
LONDRES   NUEVA YORK

Colección Viva
Editado por LID Editorial Empresarial, S.L.
Sopelana 22, 28023 Madrid, España
Tel. 913729003 - Fax 913728514
info@lideditorial.com
LIDEDITORIAL.COM

A member of:
Business Publishers Roundtable.com

EAN-ISBN13: 9788483566565
Directora editorial: Jeanne Bracken
Editor de la colección: Nuria Coronado
Edición: Maite Rodríguez Jáñez
Maquetación: produccioneditorial.com
Corrección: Mar Acosta
Diseño de portada: Irene Lorenzo
Fotografía de portada: iStockphoto / Maridav
Impresión: Cofás, S.A.
Depósito legal: M-17.808-2012

Impreso en España / Printed in Spain

Primera edición: junio de 2012
Segunda edición: octubre de 2012

*Te escuchamos. Escríbenos con tus sugerencias, dudas, errores que veas o lo
que tú quieras. Te contestaremos, seguro: queremosleerteati@lideditorial.com*

Índice

Agradecimientos

Quiero expresar mi agradecimiento a Rodrigo Serrano, que ha estado en todas las fases del nacimiento de este libro aportando ideas constructivas y grandes cantidades de sentido común; a Noemí Camblor por su excelente revisión de estilo, y a Luis Ríos por sus comentarios y críticas a las versiones preliminares del manuscrito.

También tengo una deuda de gratitud con los hermanos Verdugo por su calidad artística a la hora de dar vida a los dibujos de Horacio.

Por último, una mención especial a Marta, a mi madre, a mi abuelo, a mi hermano y a toda mi familia por ayudarme a plasmar en este libro el estilo de vida que compartimos en el día a día.

¡Muchas gracias a todos!

Presentación

Me llamo Luis, estoy casado y tengo un hijo, Alejandro, que de mayor quiere ser pirata. He cumplido 35 años y mi libertad financiera es de diez años. Es decir, si mañana dejase de trabajar podría seguir viviendo con mi nivel de vida actual durante la próxima década.

Esta libertad financiera me da seguridad. No tengo miedo a que un día de estos quiebre la empresa donde trabajo, o que me ponga enfermo y no pueda recibir mi sueldo. Aunque pasase lo peor tengo diez años para encontrar una solución, y esto me da mucha tranquilidad para afrontar el futuro.

Gracias a la libertad financiera que he construido estos años, puedo dedicarme a un trabajo que me encanta. Además, me deja tiempo para mi familia y para emprender proyectos que me apasionan, como escribir este libro. Me siento muy afortunado por trabajar por gusto, no por obligación. En palabras de Schopenhauer: «feliz es el hombre que puede decir: mi día me pertenece».

Me han preguntado cientos de veces cómo puede llegar uno a esta situación tan tranquilizadora sin ser el fundador de Google o recibir una herencia millonaria.

En estas páginas te voy a contar el secreto, no con fórmulas ni cifras complicadas, sino a través de una historia.

En www.tenpeorcochequetuvecino.com tienes vídeos y herramientas para ayudarte en el camino.

¡Vamos allá!

Sábado, 23.00 h

La cena ha estado muy bien. La verdad es que este restaurante es de lo mejor de la ciudad: aúna un espacio moderno, el ambiente más *chic* y su famosa cocina de autor. Todo un lujo, no me puedo quejar. Entonces, ¿por qué me ha dado una punzada en el estómago?

—Pues sí, como te lo cuento Sara, es un vecino rarísimo. Yo creo que es un agente secreto o algo así. Mira siempre como muy profundo, ¿sabes?

—¿En serio crees que…?

—¡Ay, no sé! A mí me da cosa. Algo esconde y para eso tengo mucha intuición. Lo que yo te diga: agente secreto o algo peor que no quiero ni pronunciar en alto. Horacio no quiere verlo.

—¡Por Dios, Isabel, si nuestro vecino va en silla de ruedas! ¡Cómo va a ser agente de nada! Deja ya al pobre hombre, no es muy sociable eso es todo. Además, nunca lo has visto, cada vez que te digo que está en el rellano te escondes.

—¡Sí que lo vi! Un día que no estabas tú. Pero cariño, ¡qué mala cara tienes! ¿Te pasa algo?

—No Isa… Nada.

Algo me pasa, pero no sé exactamente qué. O tal vez sí lo sé y no quiero reconocerlo.

—¿Qué sucede Horacio? Te has quedado pálido. ¿No será por culpa de la cuenta del restaurante? No me dirás que el mejor comercial de nuestra empresa no tiene para estos pequeños caprichos. Si lo sé, invito yo.

—¡Ay, Gerardo! No seas maleducado.

—Sara, ¡si es una broma! En la oficina es el monstruo de las ventas, todo el mundo lo sabe.

Sí, sí que me pasa algo. La cena ha sido estupenda pero demasiado cara. Tienes razón Gerardo, no quiero pagar todos los fines de semana estas cantidades desorbitadas por comer. Estoy harto de esto y de tus aires de grandeza. No sé por qué tenemos que salir siempre con estos dos estirados, Isabel, tenemos más amigos pero siempre acabamos haciendo planes con ellos. Sara es buena amiga tuya, no digo nada, pero aguantar al estúpido de Gerardo es un castigo diario. Estoy cansado de tanto esnobismo. ¡Mierda! No te enfades Horacio, no te enfades que te sale el tic.

—¡Ay, amor! Otra vez estás parpadeando como un loco.

—¡Horacio eres un estresado, hombre! Vamos a tomar un buen gin tonic en el club de tenis, ya verás cómo una buena ginebra te quita todo ese nervio.

Mis ojos me delatan. Vamos a arreglarlo con una buena copa con un gran precio.

—Venga, Horacio, relájate por favor, -me digo-. Soy un exagerado, no es para tanto. Todo el mundo lo hace, todos tenemos derecho a pequeños caprichos. ¡Para eso nos pasamos el día entero trabajando!

Domingo, 14.30 h

—¡Hola Isabel, qué guapa estás! Ya era hora de que me hicierais una visita. Hijo, ¡me tienes abandonada!

—Hola, mamá. No empieces, que venimos cada 15 días.

—Eso no es suficiente para una madre.

—No te pongas dramática anda, y saca esa tortillita que estoy muerto de hambre.

—No puedo competir con tu tortilla, suegra.

¿Con la tortilla de mi madre? No, imposible. No tiene comparación ni tan siquiera con esa tortilla con reducción de caldo de nécoras y boletus (o algo así de raro) que tomamos el sábado pasado y me costó un riñón. Esta es gratis, española de verdad y, además, con amor de madre.

—¿Alguna novedad, chicos?

—No, ninguna. Horacio sigue sin querer cambiar de coche.

—¡No me digas! Pero hijo, ¿por qué no cambias el cacharro ese por uno mejor?

—¡Venga! ¿Os vais a aliar para estropearme la comida? Ya he explicado mil veces que no sé qué hacer. Los coches son caros, ¿sabéis? Ojalá pudiera comprarme un buen coche ahora mismo, pero no es tan sencillo.

—Pues pregúntale a Gerardo cómo lo ha hecho porque me ha dicho Sara que la cosa no ha sido tan traumática como tú lo cuentas. Se han comprado un Audi de alta gama, van como señores. Lo pagan a plazos, cómodamente, con la letra que pueden, ¡como lo hace todo el mundo!

—Sí, claro, pero dentro de cinco años Gerardo tendrá un coche usado por el valor de la décima parte que le costó y aún le quedarán dos años más por pagar.

—Hijo, no sé, Isabel tiene razón. Todos hemos comprado el coche así, a plazos. Ya tenéis edad para ir en un coche elegante, ¿no? Para eso trabajáis tanto.

—Supongo, mamá. Tengo que pensar cómo lo hago.

—Te has vuelto un rácano, Horacio, no sé lo que te pasa.

¿Me habré vuelto un rácano de verdad? Antes no pensaba tanto en el precio de las cosas, ni me daba tanto miedo comprar algo a plazos. La verdad es que siempre he tenido ganas de conducir un coche alemán pero ahora no me atrevo, no me parece justo pagar el doble de su precio por culpa de los intereses que me van a cargar.

—Isabel, ¿tú crees que necesitamos un coche tan caro? No hacemos viajes habitualmente, no nos hace falta que consuma tanto. Con uno para ciudad que esté bien...

—¡Claro que hace falta! Es increíble que tenga que explicártelo yo. A todos los hombres les hace falta un gran coche, viajen o no, menos a ti. ¡Qué raro te estás volviendo!

—¡Venga, chicos! No vamos a discutir ahora, que la tortilla se enfría y después no hay quien la coma.

No le falta razón a Isabel: me estoy volviendo un poco raro. Seguro que si los clientes me ven en un coche elegante venderé más. Además, no tendré que morirme de vergüenza cada vez que mis amigos se cachondeen de mi coche llamándolo *retro* porque es de los ochenta. Si encontrara una buena financiación tal vez me animase, pero pagar otro crédito... ¡Si aún debo el anterior!

—Venga, cambiemos de tema, ¿ya sabéis quién es el vecino?

—¿Qué vecino, mamá?

—¡Ay, Horacio, estás en Babia! ¡Qué vecino va a ser! El rarito de la silla de ruedas. No lo sé de verdad, pero me parece que tras ese aspecto impenetrable se esconde un traficante de drogas o algo así.

—¿En serio?

—¿Cómo va a ser en serio? Mamá, no hagas caso a Isabel que está obsesionada con que al vecino le pasa algo raro. Es un tío tímido, no le deis más vueltas, por favor.

—Sí, sí, dices eso pero por dentro piensas lo mismo que yo.

Bueno, tengo que reconocer que en los dos años que llevamos compartiendo escalera no sabemos absolutamente nada de él. Vale, a veces me siento incómodo si coincidimos aunque sea de lejos. Su personalidad parece un poco inquietante. ¡Venga Horacio, ya te estás dejando llevar por la imaginación de Isa! ¡Qué mujer!

—Vaya por Dios hijo, ya veo que no ha mejorado lo de tus ojos.

¡Puf! Otra vez el tic.

Lunes, 12.00 h

Cierro los ojos y respiro profundamente para relajarme y no decir nada de lo que me pueda arrepentir. No estoy acostumbrado a recibir constantes reprimendas por parte de mi jefe y, desde luego, decirle lo que pienso ahora no haría más que empeorar la situación.

—¿Estás escuchando lo que te estoy diciendo, Horacio? ¿Eres consciente del problema del que te estoy hablando?

¡Cómo no voy a ser consciente de que este mes no he cumplido los objetivos! Por supuesto que lo sé. Y seré más consciente aún cuando vea mi exangüe nómina del mes: sangrando, sin comisiones. ¿Se cree que vender en esta época es fácil? No hay apenas movimiento. Bajo la vista y me trago mi orgullo en un intento de aguantar, no quiero perder mi trabajo.

Aunque odio mi trabajo. Lo odio, lo odio, lo odio, ¡lo odio! Pero ahora no puedo permitirme perderlo, ¿quién puede? Nadie. Yo, como los demás, tengo que pagar tantas cosas que me pierdo entre los apuntes de mi libreta bancaria: el alquiler más todos los gastos de la casa, pronto la calefacción engordará la factura, el teléfono móvil, el ADSL, el otro teléfono móvil, la viñeta del coche, sus ruedas que hay que cambiar ya, el seguro, el préstamo que pedí hace dos años ya ni me acuerdo para qué, ¡ah, sí, es verdad! Para los electrodomésticos de casa (metalizados, preciosos, pero el doble de caros que los blancos y cada vez que los toco tengo lío con Isabel porque dejo la marca de los dedos), y el último modelo de portátil Macintosh que tanto me gustaba pero que acabé regalándole a la ahijada de mi mujer porque yo ni siquiera lo sé usar.

Aguanto el chaparrón hasta que mi jefe se cansa de argumentar que el problema soy yo y no la dichosa crisis, ni el verano, ni ninguna otra excusa barata (¡ni la pésima calidad del producto que estoy vendiendo a precios desorbitados!, quiero gritarle) y se va a su despacho visiblemente satisfecho.

—Horacio, no sé cómo le aguantas todo eso. Con lo trabajador que eres. No entiendo por qué no se hace cargo de que la cosa está imposible para ti y para todos.

—Ya lo sé, pero ¿qué quieres que le diga? No puedo perder el trabajo. Necesito el dinero, Mónica. Necesito este trabajo.

Martes, 8.30 h

O me tomo un café o me quedaré frito en el curro. Abro el periódico mientras espero a que me sirvan mi cortado con tostada en la cafetería en la que trabaja Tomás. Casi todas las noticias son funestas y la crisis, cómo no, es la protagonista de la sección de economía, y de internacional, y de cartas al director, y de espectáculos. La crisis engulle el mundo y el mundo nos engulle a nosotros.

—2,60, Horacio.

—¿No eran 2,50?

—Sí, pero he tenido que subir un poco los precios. Llevaba aguantándolos demasiado tiempo. A mí también me los están subiendo y, claro, así no hay quien pueda.

Esto es increíble. Sube la luz, el metro, el gas, la gasolina, hasta un café con unas gotas de leche y una simple tostada, pero mi sueldo no sube y si no me espabilo bajará o desaparecerá. Todo mi dinero se va sin apenas rozarlo. ¿Para qué me paso los días trabajando como un esclavo? ¿Para qué? Si jamás llego a fin de mes habiendo dormido tranquilo hasta el último día.

Con la mirada perdida, sin poder dejar de pensar en cómo voy a aguantar toda la vida así, abro el portafolio y palpo su interior hasta que encuentro lo que busco: mi libreta. Siento la necesidad de dibujar, la tengo siempre que me altero, que reflexiono y las cosas no me cuadran. Cada vez que siento la desazón de ser impotente ante todo lo que querría cambiar. Este secreto cuaderno de bocetos es mi única válvula de escape. Siempre ha sido así, desde que tengo uso de razón dibujo lo que se me pasa por la cabeza. Guardo todos mis cuadernos, son mi álbum de fotografías biográficas hechas en carboncillo: el resumen de una vida que, sinceramente, no tiene nada de especial.

Mi lápiz se desliza sobre la hoja y va dibujando un rostro. Empiezo por los ojos, tal vez porque los míos siempre me avisan pero también me delatan. Los ojos que me salen del carboncillo son tristes. Continúo con el resto del rostro y perfilo la silueta sobre la que irá el abrigo largo con el que combato el frío en las mañanas de invierno.

El abrigo es mi viejo abrigo. Isabel me ha comprado muchos otros, muy elegantes, muy a la moda pero a mí el que me gusta es este, el que me cubre desde hace años, el que resguarda mis dibujos cuando llueve, el que me pongo si quiero estar cómodo. Ahora que lo pienso, tal vez sea inseparable de mi viejo abrigo porque aunque no es ni mucho menos el más bonito que tengo, este es diferente y, sobre todo, lo elegí yo.

> —¿Sigues dibujando? Genial, molan mucho tus personajes. ¿Quién es este? ¡Está amargao!

Veo cómo Tomás se aleja a atender a otros clientes y dirijo de nuevo los ojos hacia mi dibujo. El hombre del traje gris, de mirada triste en el que me reconozco, como en la novela del mismo nombre de Sloan Wilson. Mi vida no es para nada como la había imaginado, ahora me pregunto constantemente: ¿qué me ha pasado? ¿Dónde están mis sueños?

El pitido de mi reloj me hace salir de mis pensamientos. Son las nueve en punto y no quiero darle un nuevo motivo a mi jefe para otra bronca como la de ayer, y la de antes de ayer.

Apuro el café, recojo mi abrigo, mi portafolio, salgo corriendo y llego al trabajo. Ya, sin aliento.

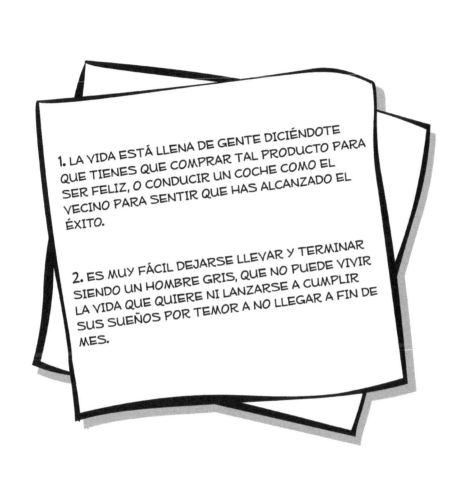

1. LA VIDA ESTÁ LLENA DE GENTE DICIÉNDOTE QUE TIENES QUE COMPRAR TAL PRODUCTO PARA SER FELIZ, O CONDUCIR UN COCHE COMO EL VECINO PARA SENTIR QUE HAS ALCANZADO EL ÉXITO.

2. ES MUY FÁCIL DEJARSE LLEVAR Y TERMINAR SIENDO UN HOMBRE GRIS, QUE NO PUEDE VIVIR LA VIDA QUE QUIERE NI LANZARSE A CUMPLIR SUS SUEÑOS POR TEMOR A NO LLEGAR A FIN DE MES.

Jueves, 10.30 h

—¡Venga, os quiero ver a todos en la sala en 10 minutos que no tenemos todo el día y sí mucho de qué hablar!

Mal asunto. Estas reuniones, tal y como está la situación, no son buenas. Lucho para que mi ansiedad no sea evidente. Sí, tengo miedo. No sé por dónde va a salirnos el jefe hoy y eso me inquieta enormemente. Sentirse uno en la cuerda floja día tras día es agotador. Me gustaría gritar: «¡soy Horacio, tengo 35 años y estoy aterrado!». Pero obviamente, me da vergüenza y, además, no sé si estoy mintiendo: ¿solo tengo 35 años? ¿Estoy seguro? Porque me siento como si tuviera 80.

—¡Horacio, esos lindos ojitos tuyos van a toda leche otra vez! ¡No me seas cobarde, amigo! Si has cumplido objetivos como yo, no tienes nada de qué preocuparte.

—Gerardo, ¿no puedes estar callado ni un minuto, por favor?

—¡Venga, hombre, que es broma, ya lo sabes! Después de la reunión te doy una vuelta en mi coche, ¡ya verás cómo te sientes un hombre de verdad!

—Ya te ha ido con el cuento Isabel, ¿eh?

—¡Ay, ay, ay, Horacio, Horacio! Es natural que las mujeres quieran ser como el resto de sus amigas. Yo traigo a Sara como una reina, eso es lo que ella es y no quiero que se sienta diferente a ninguna. ¡Tengo tantas cosas que enseñarte y tan poco tiempo, amigo!

Lo mato. Un día lo mato. Este tipo es agotador. Tengo mil problemas, mil preocupaciones reales, y además tengo que lidiar con Gerardo: el hombre perfecto, el hombre que todo lo consigue, el hombre que tiene mejor casa que yo, mejor coche que yo, mejor puesto que yo, mejor... No, mejor novia, no. Decididamente no. Pero, ¿por qué Isabel se deja llevar por ellos? Siempre está presionada: «Sara se compró esto, Sara se va de vacaciones a tal sitio, Sara se casa en este restaurante», y así me presiona a mí también. Pero ahora me pregunto, ¿por qué tiene de modelo a Sara? Es más, ¿por qué tiene que tener ningún modelo? ¿Es que acaso uno no puede ser diferente? ¿Por qué no? ¿Por qué demonios tengo que ser como me manda alguien? Para colmo, no sé quién es ese alguien. ¿La sociedad? ¿El Gobierno? ¿Quién? No sé, pero ese ente que a veces posee a familia, compañeros o amigos me deja claro a cada paso, en quién me debo convertir. Y ahora es cuando me doy cuenta, no puedo. Sencillamente no puedo ser ese tipo que se supone que debo ser. No sé ser ese tipo. En realidad, ¡no quiero!

—¿Cómo que no quiere, don Horacio? ¿Me está diciendo que no va a cumplir los objetivos?

—¿Eh? ¡No! Perdone, no quería decir eso.

—Me da igual lo que diga o lo que piense. Me da igual su vida, o cumple los objetivos que se acaban de marcar en esta reunión o ya está llevando su currículo al INEM. ¿Está claro?

—Muy claro. Yo... lo siento.

—Horacio, ¿estás bien? ¿Te puedo ayudar en algo?

—Estoy bien, gracias Mónica. No te preocupes. Estaba pensando en otra cosa y...

Perfecto, ahora tengo el tic de los ojos a toda velocidad, me he puesto colorado y soy el cachondeo de mis compañeros. Ahora sí que me doy cuenta de en quién me he convertido. Saco la libreta, quiero retratarme pero no puedo, no hay imagen porque quien soy ahora no tiene un rostro, un cuerpo, una voluntad: soy el retrato de nadie.

Sábado, 10.00 h

—Isa, Isa la puerta. ¡Isa están llamando a la puerta!

¿Pero dónde se habrá metido esta mujer tan temprano? ¡Ah, sí, es verdad! Hoy empiezan las rebajas. Se despidió pero estoy tan agotado que apenas tengo un leve recuerdo.

—¡Ya voy! ¡Ya voy!

¿Se han quedado con el dedo pegado al timbre? Como sea otra vez el portero… ¡Qué tío tan pesado!

—¡Un momento!

La semana pasada no sé qué del ascensor, ayer no sé qué de las bolsas de papel. Este hombre no descansa nunca. ¿Qué querrá ahora?

—Disculpe, siento molestarle a estas horas. Soy su vecino, el de la puerta del final del pasillo, puerta E. Ayer encontré su bloc en el bar de la esquina, uno de los camareros, creo que se llama Tomás, me dijo que era suyo. Pensé que agradecería saber lo antes posible que no está perdido.

Estoy paralizado. No me lo puedo creer. ¡El vecino en persona en mi puerta! Madre mía, así de cerca se parece tremendamente a Charles Xavier, se diría que estoy dentro del mismísimo cómic de Marvel, *La Patrulla X*.

—¿Se encuentra bien?

—¡Sí! Lo siento, estoy un poco atolondrado. Muchas gracias, ha sido muy amable.

—Siento mucho haberle despertado. Soy Javier. Encantado.

Me ha pillado. Parece que me lee el pensamiento. ¡Claro que me lee el pensamiento, porque es Javier, o sea Xavier,

29

el profesor Xavier! ¡Qué increíble coincidencia! Y como también va en silla de ruedas, el parecido es asombroso. ¿Estará notando la sonrisa que me asoma sin querer? Lo más educado será invitarle a pasar.

—¿Quiere un café? Iba a prepararlo. A mí, como puede comprobar, me hace mucha falta.

—En ese caso estaré encantado de acompañarle.

¡Madre mía, el vecino misterioso en mi salón! Cuando se lo cuente a Isa va a alucinar.

—¿Es usted dibujante profesional?

—Por favor, no me trate de usted. Soy Horacio, disculpe que no me haya presentado, me cuesta reaccionar por las mañanas. ¡No, qué bah! ¡Qué más quisiera! Soy comercial, esto es lo que yo llamo mi diario gráfico.

—Lo mismo te digo. Entonces, perdona que lo haya abierto, he sido un indiscreto. Si me permites te diré que me parecía un trabajo profesional.

—Estás disculpado, sobre todo después de tan buena crítica. ¿Te importa esperar aquí un minuto? Voy a meter la cabeza en el agua y te preparo ese café en seguida. No tardo nada, siéntete como en tu casa.

Mira por qué tontería pero el sábado empieza muy bien. El misterioso y elegante vecino está en mi salón esperando tomar café. ¿Hasta qué punto se parecerá al profesor Charles Xavier? Desde luego el porte y la manera de hablar es de profesor. ¡Ay, Horacio, lees demasiados cómics! Pégate esa ducha y a ver qué te cuenta este personaje.

Me siento contento, ha llegado un poco de emoción en mi vida. No recuerdo la última vez que me sucedió algo interesante. ¡Oh, no! Me acabo de dar cuenta de que tengo la nevera temblando. Lo invitaré a desayunar en el bar, es lo mínimo que puedo hacer.

Sábado, 11.00 h

—En realidad, te has librado de un café desastroso. Tomás lo hace mucho mejor que yo.

—¡Ja, ja! No será para tanto.

Soy un poco tímido. Me cuesta estar con un desconocido tomando un café así que, mientras Javier pide y charla animadamente con uno de los camareros, me fijo por primera vez en los cuadros de las paredes. Son pop-art pero no consigo reconocer al autor.

—Yo también suelo mirar la obra de Alfredo. Es una pena que haga tanto tiempo que haya dejado de pintar.

Otra vez ha adivinado mis pensamientos. Me da un poco de apuro que sean tan evidentes.

—¿Alfredo?

—Sí, el camarero que nos ha atendido.

—¿Así que es pintor? Cuando vuelva le tengo que felicitar, creo que son unos cuadros fantásticos.

Alfredo se acerca despacio y concentrado. No había reparado en él antes y ahora que lo observo, no es para nada la imagen de pintor bohemio que estaba imaginando, me parece más bien un hombre gris como cualquiera de los que me cruzo cada día por la calle, ¿es este el aspecto de un artista? No lo parece.

—Gracias Alfredo. Te presento a Horacio. Le has impresionado con tus cuadros.

—¡Ah, eso! Bueno, son cuadros que pinté cuando era joven. De eso hace mucho tiempo ya, mucho. Ojalá pudiera seguir dedicándole algunos momentos pero la vida se te complica y ya sabéis.

—Pues es una pena. ¿No pensó dedicarse a la pintura? Hasta yo lo he pensado alguna vez y mi obra no es tan profesional como la suya, desde luego.

—Cuando tienes veintitantos todo parece posible pero no es así. Yo provengo de una familia humilde, nunca tuve la oportunidad de dedicarme a pintar y ahora con cuarenta y pico ya no tengo ni ganas ni tiempo. El arte es muy arriesgado, ¿cuántos pueden ganarse la vida con él? Casi nadie, y yo necesito comer. Es una manía que tengo. Creo que los artistas deben de ser tan ricos que no necesitan ganar dinero. Perdonad que os deje, tengo que atender otra mesa.

¿Cuarenta y pico? ¡Pero si parece mi padre! Alfredo se aleja mientras me pregunto si terminaré como él. Empiezo a ponerme bastante nervioso pensando en esa posibilidad. Los ojos de Javier están escrutando mis pensamientos, los míos empiezan a parpadear demasiado a menudo.

—¿Y bien? ¿Qué te ha parecido el artista?

—¿El artista? Triste, parece muy triste.

—Lo mismo pienso yo. Está claro que si tu vida no la dedicas a algo que te satisfaga jamás conseguirás ser ni remotamente feliz. Hay miles de estudios sobre este tema.

—Pues yo estoy igual que Alfredo. Me mato a trabajar con un tipo que disfruta dejándome en ridículo cada día. A veces pienso que debería cambiar de trabajo.

Es la primera vez que se lo cuento a alguien. Siento un enorme desahogo mientras me oigo pronunciar esas palabras. Eso es, ¡maldita sea! ¡Estoy cansado de aguantar mis días a duras penas! ¿Es eso lo que quiero hacer durante el resto de mi vida?

—Bueno, ¿y qué crees que necesitas para hacerlo?

—Valor. Voy a ser valiente para conseguir mis sueños y no quedarme por el camino.

32

¿De qué diablos se ríe Javier? De repente me siento ridículo y violento. Mi tic ya está tremendamente activo.

—¿Valor? Es un buen comienzo pero siento decirte que en un mundo real las personas tienen necesidad de dinero, por eso no basta con tener la intención de cambiar tu vida.

—Pues si no basta con olvidarte del dinero y perseguir tus sueños, ¿qué demonios hay que hacer?

—Tener una buena red de seguridad.

—No te entiendo.

—Voy a ponerte un ejemplo:

En la vida todos somos como trapecistas que estamos aprendiendo a hacer acrobacias. Si no tuviéramos una red de seguridad seríamos demasiado prudentes ya que al ser novatos podríamos caernos y apenas nos separaríamos del trapecio; así, jamás aprenderíamos a hacer piruetas y saltos verdaderamente hermosos.

Si todo se redujera a tener valor, como tú dices, uno podría ser un intrépido acróbata pero al primer error la caída podría costarle la vida. Sin embargo, si tienes una red debajo de tus pies puedes experimentar, descubrir, innovar y desarrollar tu potencial sabiendo que siempre hay algo que te protege.

Yo mismo fui demasiado intrépido en mis acrobacias y tuve una grave caída.

Comienzo a sentirme incómodo tras su explicación, no sé si Javier me está hablando en sentido figurado o de su accidente...

—A ver, Horacio, te voy a hacer una pregunta, si no quieres no contestes pero reflexiona sobre ello: imagina que

33

hoy dejaras tu trabajo, ¿cuántos meses podrías vivir sin reducir tu nivel de vida?

—¡Puf! ¿Con los gastos que tengo? No más de dos meses. ¡Siendo optimista!

—O sea, que el tamaño de tu red es de casi dos meses. ¡Guau! ¿Cómo vives con tanta presión?

—No vivo. Supongo que esa es la respuesta.

—Esos dos meses son lo que yo llamo tu libertad financiera. O sea, que si hoy dejas tu trabajo tienes de plazo dos meses para conseguir otro que te resultara verdaderamente interesante antes de estar arruinado. Es muy poco tiempo, ¿no crees?

—¡Y tanto! Por eso estoy atado a mi actual trabajo, y encima me siento nervioso constantemente por si me echan a la calle. ¿No ves este exagerado parpadeo? Me pasa desde hace tiempo siempre que me pongo nervioso y cada vez me ocurre con más frecuencia. Hasta hace unos años no tenía ningún trastorno de ansiedad.

—Vale, pues ahora piensa, ¿en serio crees que Alfredo no fue valiente? Como él mismo nos ha contado, su libertad financiera jamás le dejó permitirse el lujo de arriesgar.

Javier tiene razón. Siento que me ahogo. Por mucha intención que tenga, no poseo ni por lo más remoto ninguna estabilidad económica, es imposible que pague mis facturas si me tiro a la piscina y abandono mi empleo. ¡Pero no quiero ser como Alfredo! ¡No quiero! Voy de cabeza hacia el hombre gris, estoy asustado.

—El camino para realizar tus sueños no es ser valiente, sino construir tu libertad financiera.

—Yo no soy economista, Javier. No sé invertir en bolsa, ¡qué demonios!, ni siquiera tengo 100 euros para hacerlo. No tengo ni idea de cómo librarme de esta situación. Jamás tendré esa libertad financiera de la que me hablas.

—¡Te apuesto 100 euros a que sí puedes!

—No te cachondees. Estoy desesperado.

—Pues eso va a cambiar.

—¿Y cómo va a suceder? ¿Me va a tocar la lotería?

—No, te voy a contar el secreto para recuperar tu vida.

—Soy todo oídos.

1. EL SECRETO PARA CUMPLIR TUS SUEÑOS EN LA VIDA NO ES TENER VALOR PARA TIRARTE AL VACÍO. EL SECRETO ES CONSTRUIR UNA BUENA RED DE SEGURIDAD DEBAJO, QUE TE PERMITA LANZARTE A POR TUS SUEÑOS SIN TEMOR A CAERTE.

2. ESTA RED DE SEGURIDAD SE LLAMA LIBERTAD FINANCIERA, ES EL NÚMERO DE MESES QUE PUEDES VIVIR SIN REDUCIR TU NIVEL DE VIDA SI HOY MISMO DEJAS TU TRABAJO.

3. TENER LIBERTAD FINANCIERA ES MUCHO MEJOR QUE TENER COCHES DE LUJO O UNA CASA EN EL CARIBE. CUANDO ERES LIBRE Y VIVES LA VIDA QUE QUIERES, NO NECESITAS JUGUETES PARA DEMOSTRAR A LOS DEMÁS QUE HAS ALCANZADO EL ÉXITO.

—¿Sabías que el 60% de las personas no llega a fin de mes?

—¡Qué me vas a contar a mí! Yo jamás consigo acabar bien el mes, a veces hasta debo algo de la tarjeta de crédito. ¡Bueno! Y lo de ahorrar... ¡Imposible ni siquiera intentarlo!

—No lo intentes, no funciona.

—¿Qué dices? ¿Que ahorrar no funciona?

—Eso acabo de decir, ahorrar no funciona, el secreto es preahorrar.

—¿Me lo explicas o me vas a dejar así?

—Una cosa muy importante que hay que comprender sobre el ser humano es que tenemos tendencia a gastar todo el dinero que tenemos en el bolsillo, sea poco o mucho. La sociedad del consumo nos empuja a ello constantemente. La mayoría de las cosas que compramos ni siquiera las necesitamos. Para ir contra el sistema establecido hay que hacer un gran esfuerzo de voluntad; voluntad que no todos tenemos.

—Sí, es verdad. No falla, si entro al centro comercial con 50 euros, y aunque no tenga intención alguna de comprarme nada, termino gastándomelo todo. Pero lo peor es que si llevo 100 euros, seguro que también me lo gastaré.

—Eso le pasa a todo el mundo. La gente intenta ahorrar pero lo poco que consigue guardar acaba desapareciendo muchas veces sin saber muy bien por qué.

—¡Justo lo que me sucede a mí!

—Por eso ahorrar no funciona, el secreto es preahorrar.

—¿Y qué es eso?

—Preahorrar consiste en pedirle a tu banco que todos los primeros de mes separe una parte de tu sueldo y la ponga automáticamente en una cuenta de ahorro sin que tú medies en la operación. De esta manera, el banco ahorra por ti. Como el dinero no llega a tus bolsillos, no te lo puedes gastar.

—De esa manera, ¡la tentación desaparece!

—¡Lo has entendido! Preahorrar es el primer paso para construir la libertad financiera que tanta falta nos hace.

—Ahora lo tengo claro y comprendo mi fracaso al intentar ahorrar los últimos años.

—¿Y cuánto tengo que preahorrar para que funcione?

—Lo que puedas, lógicamente cuanto más cantidad mejor. Al principio lo ideal es empezar por la décima parte de tu sueldo.

Una oleada de optimismo me invade mientras Javier me da un par de palmadas en la espalda soltando una sonora carcajada. De repente me asalta la duda, pero si ahora no soy capaz de ahorrar nada de nada, ¿cómo voy a ser capaz de vivir sin la décima parte de mi salario?

—Buena pregunta. Todos los objetivos en la vida requieren un esfuerzo. El primer mes notarás un cambio, sabrás que ganas más dinero pero que no lo tienes disponible. Te sentirás apretado pero no más que ahora, te lo aseguro. El segundo mes te resultará más fácil y, a partir del tercero, ni te acordarás de que antes tenías esa pequeña cantidad de más, tu capacidad de adaptación natural hará el resto del trabajo.

—Lo que quieres decir es que somos capaces de adaptarnos a tener más dinero pero también lo hacemos cuando tenemos menos. ¡Pues es verdad! Cuando era estudiante me arreglaba con la cuarta parte del dinero y también tenía que pagar alquiler, alimentos y otros gastos. Vale, no tantos como ahora pero, en proporción al dinero que tenía, son los mismos o incluso más.

—Esa es la manera de pensar, Horacio. Has dado un buen paso adelante.

Llego a casa excitado, cojo uno de mis lápices y voy esbozando la cara del camarero que conocí hoy en el restaurante. Dibujo sus ojos, todas sus huesudas y cansadas facciones. Miro el resultado, es un hombre con semblante triste y descubro con sorpresa que su mirada tiene algo que me recuerda a mí.

—No quiero acabar como él —me digo en voz alta.

Sonrío y comienzo a dibujar una nueva imagen que apenas me lleva un par de minutos por la nitidez con la que la veo en mi cabeza, es un trapecista con una red debajo.

Lo tengo decidido, le daré al banco la orden para que me guarde la décima parte de mi salario en cuanto me lo ingresen.

Martes, 20.00 h

¡Qué hambre! ¡Qué cansado estoy! ¡Solo quiero cenar e irme a la cama! No tengo ganas de ponerme a cocinar así que pediré una pizza o algo así. Entre que la encargo y vienen a casa con ella, llega Isabel. Cenamos rápidamente y sin trabajo ninguno. ¡Oh, oh! Otra vez sin un duro en la cartera. Esto es más complicado de lo que pensaba, quizás me pasé de listo cuando le dije a Javier que iba a preahorrar. Así es imposible vivir, ¡si no tengo ni para pedir una pizza cuando me dé la gana! Pues como no vaya al cajero y me lo quite de otra cosa no puedo pedirla.

A ver, Horacio, no desesperes piensa, piensa. Tengo un problema, vale, pero no quiero dar marcha atrás, es la primera vez que tengo una cuenta de ahorros y además, no me sentiría precisamente orgulloso si a la primera dificultad me arrugara. ¿Cómo lo soluciono?

—No ha estado nada mal, ¿no?

—Pues no cielo, no esperaba una cena romántica un martes, la verdad. Con lo cansado que llegas siempre, lo último que pensaba es que te fueras a poner a cocinar.

—¡Ya ves! Soy una caja de sorpresas.

—¿Y de dónde has sacado la receta de estos ravioli? ¡Están buenísimos!

—Me la he inventado. Me puse a cocinar y al final me entretuve, me apeteció innovar y mira por dónde, está mal que yo lo diga pero me ha salido un plato espectacular.

—Hasta te lo has pasado bien. Me tienes alucinada.

—Lo que te tengo es loca, tonta. ¡Ven aquí!

—¡Horacio! ¡Ja, ja, ja! Oye, ¿este desastre de cocina que ha quedado? ¿Quién lo limpia?

—Mujer, ¡tampoco me voy a envalentonar tanto!

—¡Qué cara tienes! Anda, al menos ayúdame.

—¡A sus pies, lo que usted mande!

—¡Qué bien que estés de tan buen humor, Horacio!

Sábado, 17.15 h

No voy a ceder. No lo voy a hacer. No necesito ese abrigo, tengo siete muertos de risa en el armario. No me hace falta. Es cierto, es bonito pero no tengo días de la semana para poder ponerme todos mis abrigos.

—No insistas más, no me hace falta, Isabel.

—¿Cómo que no te hace falta? ¡Con lo bonito que es!

—Sí, es chulo pero ya tengo un montón.

—Por Dios, si mi jefa te oye. En la revista dicen claramente que este año se llevan las solapas anchas y tú no tienes ningún abrigo con las solapas así.

—En tu revista dirán lo que quieran pero no puedo estar tan ridículo con los abrigos que ya tengo, ¡si el más viejo tiene dos años!

—Lo haces por no gastar.

—¿Eh?

—¡Que lo haces por no gastar!

—No, lo hago porque es absurdo hacer un gasto innecesario.

—¿Y para qué trabajas? ¡Con lo que te cuesta ganarlo!

—Por eso mismo, porque me cuesta mucho ganar mi salario no quiero tirarlo. Además, con el preahorro no tengo este problema. Simplemente no tengo ese dinero disponible para gastarlo en el abrigo.

—¿Con el qué? Estás raro, ¿lo sabes?

—El preahorro, ya te lo he contado mil veces; y no estoy raro, soy sensato. Tengo sueños y quiero llegar a ellos.

—¿Y la cena de esta noche?

—No quiero ir a cenar otra vez al club de golf, ¿por qué no tomamos unas tapitas en una buena terraza? Hace una noche preciosa.

—Hemos quedado.

—Ya, pero para variar algún día podrías dejarme elegir el lugar.

—Llévame a casa Horacio, me has quitado las ganas de ir de compras.

—Isa...

—¡A casa!

De vuelta en mi sofá. Isa y yo hemos discutido. Al final se ha ido llorando a esa estúpida cena. No quiero que llore, no quiero verla sufrir pero necesito que entienda que la vida es algo más que gastar y gastar. Hay veces que uno se puede permitir un capricho pero no constantemente. Hay tantas otras cosas que podemos disfrutar y nos las estamos perdiendo.

De repente suena el timbre.

—¡Hola Javier! ¡Qué bien que me hagas una visita! Me hace falta un amigo.

—¿Qué te ha pasado?

—Nada. Bueno, no sé, es que he discutido con Isabel. Con esto del preahorro he dejado de permitirme bastantes cosas que antes no dudaba en hacer.

—Y eso, ¿no es bien recibido por los demás, verdad?

—Verdad.

—A ver, Horacio. Es completamente normal que la gente quiera mantener el nivel de vida más alto que pueda, lo que les pasa es que no se dan cuenta de que no es la mayor calidad de vida a la que pueden acceder.

—¿Y qué hago? Mi madre, Isabel... Ahora seguro que el idiota de Gerardo y su mujer, ninguno apoya mi decisión.

—Lo único que tienes que hacer es ser tú mismo. Destina el dinero a lo que para ti sea importante, en eso se incluyen tus entretenimientos, hacer regalos o lo que pienses que sea indispensable para sentirte feliz.

—Lo intento pero los demás me atosigan.

—Deja a los demás que hagan lo que deseen. ¿Quieres que te respeten? Pues respeta también su forma de pensar. Quien te quiera lo hará igual, preahorres o no. Ya verás cómo todo se pone en su sitio.

—¡Vaya, gracias Javier! Necesitaba tu consejo.

—No necesitas nada más que convencerte, sé quién quieres ser.

Tengo muy claro quién quiero ser. Quiero disfrutar de mi trabajo y tener tiempo libre para mi entretenimiento, dibujar. Algún día quiero tener en mis manos una novela gráfica publicada con mi nombre en la portada. Mi mano dibuja sin preguntarme.

Seis meses después

Lunes, 10.00 h

—¡Horacio! El jefe te llama a su despacho.

—Termino esto y voy. Dame cinco minutos.

Contesto sin mucho entusiasmo porque sé lo que esas palabras significan: mi jefe me va a despedir. Me sorprendo a mí mismo porque esta situación no me produce ningún tic, la ansiedad que habría sentido hace casi medio año ha desaparecido notablemente. Ya han pasado seis meses desde que tomé la decisión de preahorrar y el cambio en mi vida ha ido llegando tal y como Javier me había explicado. Me siento mucho más seguro y feliz en el mundo.

Es cierto que los primeros meses me costó mucho vivir sin tanto dinero, pero el sistema de preahorrar está siendo todo un éxito y ya no me supone el esfuerzo y sacrificio del principio. El día que me llamaron los del banco para ofrecerme unos fondos de inversión casi me muero de la risa, ni que fuera un *millonetis*. Ahora es verdad que me miran con otros ojos. Aunque solo el hecho de que le miren a uno en el banco ya es todo un logro.

—Bueno, pues ya está. Chicos, me iré de esta empresa pero antes le suelto cuatro verdades bien dichas a ese tío y salgo por la puerta grande. ¡Por mí y por todos mis compañeros!

—¡Así se habla, Horacio! ¡Con un par!

Sonrío convencido de mis palabras. De hecho puede que mi despido sea consecuencia de lo que le espeté a mi jefe el otro día. Con la libertad financiera que me he construido estoy mucho más relajado y me permito tomar ciertos riesgos, buscando nuevos clientes y teniendo una nueva actitud que me han convertido en el comercial con mayores ventas de este semestre. Así que cuando mi jefe me volvió a gritar en la reunión semanal no pude más y le paré los pies diciéndole que yo era un profesional y que ya era hora de que empezara a respetarme como tal. Su cara me recordó a una tetera hirviendo.

Saco del cajón mi cuaderno y esbozo rápidamente una caricatura de mi jefe dándome una patada en el culo, lo que provoca las carcajadas de mi compañera.

—Espero que no. Esto va a ser aburridísimo cuando te vayas.

—No te preocupes, Mónica. Volveré a darte la tabarra en tu hora de descanso.

—¡A ver si es verdad!

—Vamos al lío. Ya podéis ir pensando un regalito de despedida.

Camino derecho hacia el despacho de mi jefe. Mis ojos clavados en los suyos no se mueven un ápice: si me despide, él se lo pierde.

Lunes, 16.00 h

—¿Qué tal Javier, un café esta tarde?

—Perfecto. Luego hablamos, que tengo trabajo.

Cuelgo y me doy cuenta de que aún no sé a qué se dedica Javier. Hemos quedado por la tarde, entonces le preguntaré más sobre su vida aunque me da un poco de corte, si él no me lo cuenta, por algo será. Desde luego yo sí tengo muchas novedades, ¡lo voy a dejar de piedra!

—¡No me digas! ¿Qué bien, no? Tienes mejor cara, de eso no hay duda.

—Estoy que no me lo creo.

—¿Y cómo fue eso?

—Rápido y mucho más sencillo de lo que esperaba, mi jefe me llamó al despacho y me dijo: «Horacio, olvídate de este trabajo. No quiero que sigas siendo uno de mis comerciales».

—¿Y te quedaste tan tranquilo?

—Hombre, no... No sé, al principio se me cortó la respiración, la verdad. Llevo siendo comercial en esa empresa 10 años, me quedé desubicado.

—Comprensible. Todo el mundo se quedaría estupefacto con semejante noticia soltada así, a bocajarro.

—Claro. Así que me quedé ahí plantado sin saber muy bien qué decir —mi jefe no esperó mucho, tras un momento de silencio, continuó:

—No quiero que sigas siendo del equipo de comerciales, supongo que lo esperabas.

—Sí, sí, algo me olía.

—Pues ya está entonces, lo has conseguido: serás el nuevo jefe de zona. Te voy a asignar un equipo y es justo que tengas coche de empresa. No sé si te parece bien así.

—Yo, errrr...

—Vale, vale, Horacio, entiendo que quieras negociar el asunto pero mira, lo he estudiado bien y por mucho que quiera subirte las comisiones aún más no puedo, de verdad. A mí me encantaría.

—Esto...

—¡De acuerdo, de acuerdo! Sé que has duplicado las ventas y te mereces muy buenas condiciones. Te doy un portátil para que trabajes más cómodo. Y hasta ahí puedo llegar.

—Gracias. Yo...

—No me des las gracias. Te lo has ganado tú solito pero oye, ¡hay que ver cómo has cambiado! ¿A qué se debe este cambio de actitud? De acuerdo, de acuerdo, no me lo cuentes supongo que cada maestrillo tiene su librillo.

—Yo, Javier, te juro que solo podía sonreír. No le dije nada más.

—Me alegra saber que tu libertad financiera empieza a dar sus frutos. ¿Ves como si no tienes miedo es cuando das lo máximo de ti y obtienes los mejores resultados?

—¡Mucho más de lo que esperaba! Con el preahorro he conseguido tener reservado más dinero en los últimos meses de lo que he podido ahorrar en toda mi vida.

—¡Bravo! ¿Y qué has hecho con el dinero que has ahorrado?

—¿Cómo que qué he hecho? Nada. Los del banco me han llamado para ofrecerme invertirlo pero he dicho que no. Lo tengo bien guardado que para eso es, ¿no?

—No Horacio, el dinero no es para dejarlo parado. Hay que sacarle mucho más rendimiento a tu preahorro. Creo que ha llegado el momento de hablar del interés compuesto.

1. AHORRAR NO FUNCIONA PORQUE REQUIERE UN ESFUERZO ENORME DE VOLUNTAD PARA RESISTIR LA TENTACIÓN DE GASTAR EL DINERO QUE TENEMOS EN EL BOLSILLO.

2. EL SECRETO ES PREAHORRAR: EVITA QUE TENGAMOS QUE LUCHAR CONTRA LA TENTACIÓN DE GASTAR. ES UNA FORMA DE AHORRAR DE FORMA AUTOMÁTICA.

3. CUANTA MÁS LIBERTAD FINANCIERA TIENES, MÁS ÉXITO ALCANZAS EN TU TRABAJO PORQUE TE PERMITE SER MÁS TÚ MISMO.

El poder del interés compuesto | 04

—¿Sabes que si inviertes tu dinero a largo plazo es inevitable que acabes millonario?

—Millonario, ¿yo? ¡Javier, estás alucinando!

—Eso es perfectamente plausible gracias al poder del interés compuesto, según Einstein: la fuerza más poderosa del universo.

—¿Einstein se dedicaba a las finanzas? No entiendo nada.

—Ahora lo entenderás. El interés compuesto funciona de la siguiente manera: cuando inviertes tu dinero, aunque sea poco, y reinviertes todos los años los intereses que te da la inversión, en poco tiempo te encuentras con una suma de dinero enorme. El truco está en que los intereses que ganas en un año se añaden a lo que tú pusiste de base para que todo ello te dé intereses al año siguiente, y así sucesivamente.

—Vamos, que es como una bola de nieve que cae por una montaña. Cada vez la bola se hace más grande.

—Exacto.

—Vale, muy bonito, pero creo que lo vería mejor si en lugar de tanta metáfora me hablases de dinero.

—Te pondré un ejemplo más concreto. Imagínate que todos los meses preahorras 500 euros, estos los inviertes en un fondo que te da un 10% de interés anual, ¿sabes cuánto dinero tendrías después de 30 años?

—Hombre Javier, nunca he sido un genio de las matemáticas, pero a multiplicar sí llego: 30 años por 12 son 360 meses; multiplicados por 500 euros... ¡180.000 euros! Bueno, un poco más por los intereses, claro.

—Pues sí, digamos que un poquito más. Después de los 30 años tendrías un millón de euros.

—¡¿Un millón de euros?!

—Bueno, en realidad algo menos, recuerda que una parte se va en el pago de impuestos.

—Oye, Javier, deja de tomarme el pelo.

—No te tomo el pelo, es pura matemática. El interés compuesto es un acumulado de intereses, ganas interés sobre el interés ganado.

—Nunca imaginé que el dinero pudiera crecer tanto cuando se invierte. ¡Claro, por eso los expertos en bolsa tienen tanto dinero!

—Imagina ahora lo que puedes hacer tú dentro de 30 años con un millón de euros. ¿Una casita en la playa?

—No, viajar.

—¿Y cuándo quieres que empiecen tus viajes, hoy mismo te parece bien? A partir de ahora, todo el dinero que estás preahorrando cada mes, en lugar de dejarlo muerto de risa en una cuenta bancaria, lo inviertes.

—¡Sí! Tengo un amigo que me ha hablado sobre una empresa de Internet que parece que va a subir como la espuma. Me dijo que era una oportunidad de inversión inmejorable.

—¡No, error!

—¿Error? ¿Pero no tengo que invertir el dinero ahorrado? Me estás volviendo loco.

—Horacio, si tuvieras un dolor fuerte en un riñón y un amigo te recomendase tomar unas hierbas, ¿te las tomarías?

—¿Eh? Pero qué tiene que ver ahora...

—Contesta.

—Por supuesto que no. Mis amigos no han visto más hierba que la de las rotondas. Iría a ver a un doctor.

—Pues lo mismo pasa con las inversiones. La regla de oro para invertir es: invierte solo en lo que conoces.

—¡Estoy apañado entonces! Yo lo único que sé hacer bien es vender y dibujar. De finanzas no tengo ni idea.

¿Tengo que ponerme a estudiar ahora? Es muy complicado ese tema.

—Ni mucho menos, ¿si te duele algo te vas a la universidad a estudiar Medicina?

—No.

—Pues esto es lo mismo. Si no sabes de finanzas contrata a un buen experto que sepa invertir bien tu dinero. Hay personas que olvidan eso, trabajan muy duro cada día, ahorran un dinero, y a la hora de invertirlo en lugar de asesorarse por un experto se dejan llevar por rumores o modas, ¡se arriesgan a perderlo todo! Es un tema muy serio para jugar con él. Debes poner tu dinero en manos de un profesional. En definitiva, si la regla de oro para invertir es invierte solo en lo que conoces, se puede decir que la regla de plata es si no sabes invertir, contrata a un experto que te asesore.

—Me parece sensato, Javier. Pero yo no sé ni distinguir a un buen asesor de uno malo, ¿cómo lo hago?

—Fácil, busca y compara. El truco es contactar siempre con al menos tres asesores de inversiones y comparar lo que te ofrecen. A medida que vayas visitando a los diferentes asesores, sin darte apenas cuenta, aprenderás mucho de lo que ellos te cuenten; enseguida empezarás a saber distinguir entre el buen profesional y el que no lo es tanto. Puedes empezar por el asesor de inversiones de tu banco actual pero no te quedes ahí, después visita al menos a otros dos profesionales.

—Ahora que lo dices, es curioso que la gente visite muchas tiendas para encontrar un buen precio de unos vaqueros pero se les olvida hacer lo mismo para algo mucho más importante, la gestión de sus inversiones.

¡Vaya, qué tarde es! El tiempo se nos ha pasado volando, la hora del café casi se convierte en la hora de la cena. Sin querer me distraigo dibujando. Javier otra vez me deja concentrado y se va sin avisar. Isa estará a punto de llegar, tengo ganas de contarle cómo funciona el interés compuesto. Mientras pienso en ello en mi bloc aparece un gracioso hombrecillo tumbado sonriente en un chiringuito de Bali. ¡Así de libre y feliz quiero llegar a ser!

Jueves, 13.30 h

—Este plan financiero que me propones suena bastante bien pero, ¿cuánto tendría que pagar por vuestros servicios para gestionar mis inversiones?

—Un 0,4% anual. Es la mitad de lo que te van a ofrecer otras agencias de inversión. Esta es nuestra oferta para nuevos clientes.

—Tienes razón, en otras agencias me pedían el doble o más. No está nada mal esta oferta.

—A nosotros nos interesa trabajar con gente como tú, la que ahorra todos los meses e invierte de forma regular así que, si podemos, no dejamos escapar la oportunidad de hacerlos clientes nuestros.

Estos tres días recorriendo bancos y agencias de inversión me han hecho ver que hay unas diferencias enormes de calidad y precio entre los agentes financieros. Otra vez Javier tenía razón, hay que comparar precios para obtener un buen servicio sin que se me vaya del presupuesto.

—Lo pienso y te llamo esta semana, Amaya.

—De acuerdo. Oye, se te han caído unos dibujos de la libreta. ¡Son fantásticos! ¿Eres dibujante?

—Gracias. ¡No, no, qué va! Ojalá lo fuera. Solo lo hago en mis ratos libres.

—Ah, pues yo tengo una clienta que trabaja en una editorial de cómics, siempre está buscando nuevos dibujantes. Si quieres, la próxima vez que venga le doy tu teléfono. Me parece que le gustarían tus dibujos.

—No creo yo que...

—El no ya lo tienes.

—Eso es verdad. ¡Venga! Dale mi teléfono. Total, no pierdo nada.

—Apuesto a que te llama.

—Lo veremos.

—Yo también espero que tú me llames pronto.

—¡Ja, ja, ja! Perfecto.

Viernes, 17.00 h

—Pero, ¿por qué no?

—¡Porque no! O sea, que te ascienden y quieres celebrarlo en casa. Menos mal que cobras más.

—Sí, cobro más dinero pero no para gastar más. ¿Qué importa dónde lo celebremos? Hago una cena rica, un buen entrecot, un queso provolone, y lo regamos con un estupendo vino. Eso no falla. Después podemos tomar unas copitas en casa, yo me encargo. Charlamos, escuchamos música, bailamos si queremos. Aquí estaremos muy cómodos.

—Lo apropiado es que lo celebremos fuera en un buen restaurante, invitando nosotros, ¡que para eso es la celebración de un ascenso!

Cada vez entiendo menos a Isabel. No puedo comprender que sea tan horrorosa la idea de celebrar mi ascenso invitando a Gerardo y Sara a nuestra casa, un lugar cómodo y bonito, ¡en eso sí que hemos invertido mucho dinero! El objetivo de todo esto es compartir con los amigos nuestra buena suerte organizando un momento especial. ¿Ese tipo de cosas por qué han de ser tremendamente caras? Ahora veo cómo la gente se queda en la forma de hacer las cosas y no en el fondo, el porqué; y es esto último lo único que tiene valor. Ahora miro atrás y veo que tampoco yo me paraba a pensar en ello, creía que para ser feliz había que gastar mucho dinero. ¡Cómo ha cambiado mi manera de ver la vida! Pero lo más importante es que ahora, pensando más en vivir y menos en gastar, soy mucho más feliz.

—Para hacer una cena cutre, mejor no hagamos nada. No quiero quedar como una rácana delante de Gerardo y Sara, con lo espléndidos que son ellos.

—¿Por qué te importa tanto lo que piensen los demás? Tú haz lo que creas que está bien y disfrútalo. Por favor, hacer una cena en casa no es agredir a nadie.

64

—No, Horacio, no. Es quedar como idiotas delante de unos buenos amigos.

—Si tan buenos amigos son, no deberían pensar que somos idiotas.

—¡Ay, déjame en paz!

No hay manera. Cada vez discutimos más por, desde mi punto de vista, mayores tonterías. Una pareja debe compenetrarse o compensarse. Nosotros solo nos enfrentamos últimamente. Me preocupa esta situación pero creo que debo hacer aquello que Javier me enseñó: respetar la opinión de los demás sin dejar de ser yo mismo, eso solo me devolvería la ansiedad que dejé atrás.

Hace muchas semanas que el tic nervioso ha desaparecido. Creí que me seguiría para siempre, pero lo he desterrado de mi vida y nunca más dejaré que vuelva.

Lunes, 11.00 h

—¡Hombre, el jefe de zona! ¿A qué debemos el honor de que baje a tomar el café con la plebe?

—Gerardo, no me toques... Sabes perfectamente que no bajo porque estoy hasta arriba de trabajo. Nada es gratis.

—No sé, igual no vienes por, ¿cómo se dice? ¡Ah, sí! Porque preahorras el euro del café.

—¿Es que Isa no puede callarse nada?

—Con alguien sensato se tendrá que desahogar, amigo. ¡No sabéis el lío que tiene Horacio en casa con su nueva técnica para no gastar ni un euro!

—Gerardo, no te pases. Las cosas no son así, lo que hago es ser más responsable con el dinero y proporcionarme una libertad financiera que...

—¿Una qué? ¿Libertad financiera? Jo, sí que has ascendido, jefe de zona y bróker de bolsa.

—Mira, piensa lo que quieras. A mí me funciona.

—¿Cómo te va a funcionar? Vivir como un miserable toda tu vida para ahorrar unos duros que vas a gastar, ¿cuándo? ¿Cuándo tengas 70 años? O sea, vivir bien diez, eso si no estás senil que con las cosas que haces no me extrañaría.

—No sé qué te han contado Isabel y Sara pero desde luego no es lo que yo estoy haciendo.

—¿Y qué haces? Además de vivir con estrecheces.

—¡Todo lo contrario! Ahora sí tengo una buena calidad de vida. Guardo un poco de dinero, lo invierto bien. Con el dinero ahorrado y los intereses mi patrimonio está creciendo tanto que estoy mucho más tranquilo ante los imprevistos, como quedarme sin trabajo, por lo que sea ¡y, además, ese dinero me servirá para via- jar, vivir en Bali o publicar mis cómics! Todo en menos tiempo del que crees.

—¡Ja, ja, ja! Cómics dice, pero alma de Dios, ¿tú sabes todo lo que tienes que sudar para poder hacer eso? Si no fuera difícil todo el mundo lo haría.

—No lo hacen porque no saben cómo hacerlo.

—Ahhhh, y tú sí sabes.

—Sí, yo sí.

—¿Y cuál es tu gran secreto?

—Ni es secreto ni es tan complicado, vivir por debajo de mis posibilidades.

—No cabe duda, las chicas tienen razón. Horacio, estás mal de la cabeza.

Miércoles, 20.00 h

—¿Por qué no paraste?

En estos momentos me siento como cuando tenía 12 años y llevaba las notas a casa, humillado, derrotado, esperando el terrible desenlace: una bronca monumental de mi madre.

—Mamá, ya te lo he dicho mil veces. No vi la señal de stop hasta que fue demasiado tarde y me empotré contra el coche de delante. Un fallo, lo sé, pero no es tan grave, al menos no ha habido consecuencias gordas. Ninguno de los dos tenemos secuelas.

—¿Cuántas veces te he dicho que cuando conduces tienes que estar concentrado? ¿Sabes la cantidad de personas que pierden la vida en accidentes de tráfico? ¿En qué demonios pensabas?

—De eso quería hablarte, mamá. Tengo buenas noticias, en ese momento tengo que confesar que estaba pensando en ello, una editorial se ha interesado en mis dibujos.

—¿En tus qué? Hijo, ¿sigues con esos pájaros en la cabeza? Dibujas muy bien desde pequeño pero eso no es más que un entretenimiento. ¡Por favor, Horacio, madura de una vez!

Contemplo a mi madre resignado. Lo peor es que en parte tiene razón. Los últimos meses estoy pasando por una mala situación con Isabel, tengo mil cosas en la cabeza desde que ejerzo el nuevo puesto de más responsabilidad, además de que he conocido a la editora de la que me habló Amaya y le he dejado algunos de mis dibujos; en fin, es verdad que últimamente pongo el automático y conduzco distraído a todas partes. Tras el accidente, el coche ha quedado siniestro total. Al menos es, era, mi coche. Si hubiera llevado en ese momento el coche de empresa menudo apuro hubiera pasado. Todo me estaba yendo demasiado bien, ya tardaba la cosa en torcerse.

—Al menos no te ha pasado nada y, por fin, cambiarás de coche.

¡No, no, no! Otra vez me va a salir con el asunto del coche de alta gama, ¡cuerpo a tierra!

—Tu padre y yo hemos hablado de ello, pensamos que ahora que has ascendido podrías comprarte un buen coche. Fíjate en el vecino del quinto, tiene tu misma edad y ya conduce un BMW. No le debe de estar yendo mal, ¿no crees?

—Pues no lo sé, mamá, que alguien tenga un buen coche no significa que sea el hombre más feliz del mundo.

Si hay algo que no soporto es que me hable del vecino del quinto. Es un pesado y le gusta ir siempre fardando de lo que cobra, pero lo que más me fastidia es que ande tirándole los tejos a Isabel. Mucho coche y mucha leche pero está solo, ¿a quién le importa que tenga un BMW? Yo me alegro, que lo disfrute, ¡pero ese miserable no es modelo para nadie!

Viernes, 21.00 h

—¿Cómo que no te vas a comprar un coche nuevo? ¿De qué me estás hablando?

Cuando Isabel pone esa cara sé que la noche no acabará bien. Últimamente no aprueba nada de lo que hago. No le gusta la idea de que viva por debajo de mis posibilidades y lleva meses recriminándome que ahorrar es para cuando tienes 50 años, no para hacerlo ahora.

—Déjame que te explique, mi coche era tan viejo que no lo tenía a todo riesgo. Ha quedado destrozado pero no voy a recibir nada del seguro.

—Vale, pues es el momento ideal para comprarte otro nuevo.

—No, tengo una solución mejor. He hablado con mi jefe, he negociado con él la utilización del coche de empresa a nivel particular, hemos quedado en que yo pagaré la parte proporcional del desgaste que pueda ocasionar usarlo durante los fines de semana como coche personal. ¡Es un coche muy bueno a un precio irrisorio!

—¿Estás de broma? ¿Quieres que vaya por ahí con un coche serigrafiado por todos lados, en plan mujer anuncio?

—Pero si es solo el exterior, tómatelo como si no te gustara el color del coche nuevo. Por lo demás es un coche muy seguro, gasta poco, está nuevo, tiene un enorme maletero para los viajes, todos los extras y...

—Déjalo que me estás mareando. Ahora tengo cosas más urgentes en qué pensar, acaban de llamarme mis amigas para proponernos pasar el puente en un hotelazo precioso, tiene un enorme spa y al ladito mismo de unas pistas de esquí. ¡Pero te aseguro que no voy a ir en el anuncio con ruedas!

—Venga, no seas tan superficial.

—¿Superficial? Tú ya no tienes sentido común ni sentido del ridículo.

—A ver si entras en razón, Isabel. Si para ir al viaje tengo que comprar un coche nuevo, yo no puedo ir, ¿queda claro?

—¡Clarísimo! ¿Sabes lo que vamos a hacer? ¡Voy a ir yo sola y después no pienso volver! ¡Ya estoy harta de tanta excentricidad!

Miro a Isabel preguntándome si era esa la mujer con la que había compartido los dos últimos años. Tiene la cara encendida y los ojos enrojecidos mientras me mira con un rechazo que no había visto antes. ¿Por qué tiene tanta importancia un vinilo pegado a un coche si por lo demás el coche es fantástico?

—¡Me largo ahora mismo!

Me quedo atónito ante semejante explosión de ira. No sé qué hacer, no sé qué decir, a mí también me parece de locos todo lo que nos está pasando. Por un momento pienso en correr tras ella, ceder ante sus deseos, pero pienso en el hombre de la cara gris y recuerdo que no quiero terminar como él.

Sale despavorida. Ni siquiera se detiene para pegar el portazo que cierre la puerta tras ella definitivamente y deje temblando las paredes de mi vida.

1. CON EL INTERÉS COMPUESTO TUS INVERSIONES SON COMO UNA BOLA DE NIEVE: AUNQUE EMPIECES POR POCO, CON EL TIEMPO SE HACEN INMENSAS.

2. LA REGLA DE ORO PARA INVERTIR: INVIERTE SOLO EN LO QUE CONOCES. Y LA REGLA DE PLATA: SI NO SABES INVERTIR, CONTRATA A UN EXPERTO QUE TE ASESORE.

3. PARA ELEGIR UN EXPERTO QUE TE ASESORE, HAZ COMO LAS GRANDES EMPRESAS EN SUS COMPRAS IMPORTANTES, NO TE DEJES LLEVAR POR EL PRIMERO QUE CONOCES, COMPARA AL MENOS TRES ASESORES.

Libertad financiera | 05

Un mes después

Martes, 17.00 h

—La oferta de trabajo es realmente buena. El sector es muy dinámico y el trabajo es justo lo que quiero hacer. Empezaría como jefe de zona, como estoy ahora en mi actual empresa, pero me ofrecen un interesante plan de carrera.

—Entonces, ¿a qué vienen tus dudas?

—La empresa es pequeña, tiene mucho potencial pero también hay riesgo. Si el producto no es un éxito podría quedarme en la calle.

—¿La empresa te gusta? ¿Sus productos?

—Sí.

—¿Y las condiciones son buenas?

—Inmejorables.

—¿Te apetecen nuevos retos profesionales?

—Mucho, un poco de aire fresco me vendría genial. Llevo demasiado tiempo en mi empresa. Ha estado muy bien hasta ahora aunque creo que cambiando aprendería mucho, la verdad. Pero...

—Yo no veo ningún pero. Para eso precisamente llevas preahorrando todo este tiempo. Con la red de seguridad que te has construido tienes la oportunidad de lanzarte a cualquier proyecto que te apetezca, siempre que sea razonable, y este lo es.

¡Javier tiene razón! Para algo así he luchado tanto durante este último año, para esto me sirve el esfuerzo del preahorro. Ahora tengo una buena oportunidad y si no sale bien poseo un gran colchón financiero para estar tranquilo mientras busco otra cosa.

Javier me mira con una sonrisa maliciosa. Sabe que cuando me propongo algo, me ilusiono y no hay quien me pare. Supongo que me pasa lo que a todos, ¿no?

Saco mi cuaderno y dibujo lo primero que se me pasa por la cabeza, llegó la hora de alzar el vuelo bien alto.

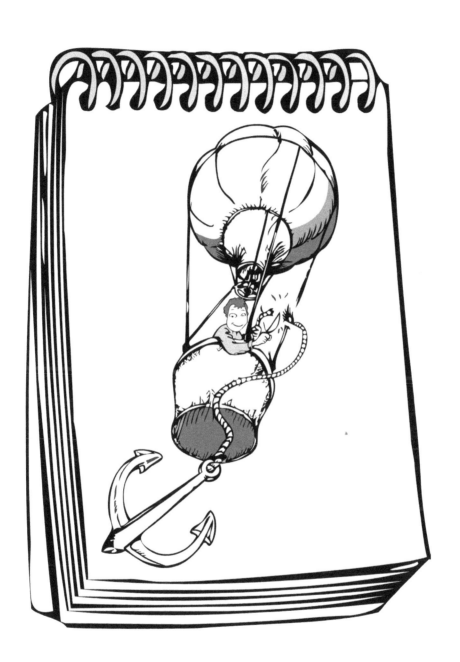

Viernes, 12.00 h

—Hola, ¿Horacio?

—Sí, soy yo, ¿quién llama?

—Hola, soy Ana, de la editorial Mistral. ¿Te acuerdas? Tenemos la misma agente financiera.

—Esto... ¡Ah, sí, sí! Cuéntame.

—Siento haber tardado tanto en llamarte. Oye, los jefes ya han visto los dibujos que me pasaste el mes pasado y, en resumen, les gustaría hablar contigo.

—¡Por supuesto!

—¿Podría ser esta semana? ¿El jueves a las siete, por ejemplo?

—Sin problema. ¡Ahí estaré!

¡No me lo puedo creer! Con todo el lío en la oficina: nueva empresa, nuevos compañeros, nuevo producto. No recordaba que dejé en la asesoría parte de mis dibujos el mes pasado, cuando coincidí con Ana en el despacho de la agente financiera. ¡Menuda vergüenza pasé durante un rato! Además de por tener que dejarle ver mis dibujos (no estoy acostumbrado a que ningún profesional los mire), porque esa chica es realmente guapa y creo que se notó demasiado que me impresionó. Me puse un poco colorado, creo que incluso tartamudeé un segundo como un tonto. Ana tiene unos ojos preciosos. Estoy de suerte porque este jueves volveré a verlos.

Todo va como Javier me advirtió, haciendo las cosas bien, siendo yo mismo y esforzándome un poco las cosas buenas acabarían llegando. ¡Qué razón tienes amigo, este es mi momento!

Seis meses después

Sábado, 14.00 h

Llevo dos días guardando la noticia y estoy a punto de estallar, ¡quiero que ellos sean los primeros en saberlo!

—¿Director comercial? ¿Diez personas a tu cargo? ¡Pero si solo llevas seis meses en la nueva empresa!

—Lo sé mamá. Yo soy el primer sorprendido. Ya te dije que si el producto se vendía era una oportunidad de oro y mira, se me está dando muy bien y mi jefe ha sabido reconocerlo inmediatamente. ¡Es un tío genial! Jamás pensé que mi trabajo me pudiera llenar tanto. Por primera vez en mi vida voy a trabajar por las mañanas con una sonrisa, por mucho frío que haga en la calle.

—¡Ay, hijo, cómo me alegro de que por fin las cosas te vayan bien! Oye, ¿y esa chica?

—¿Ana?

—Eso, Ana. ¿Cuándo la traes para que la conozcamos?

—¡Ja, ja, ja! Pronto, mamá, muy pronto. Ya verás cómo te gusta, es encantadora.

—A ver si es verdad y sientas la cabeza en eso también, que me apetece tener nietos.

—No te pases, no te pases, que aún tengo mucho por delante.

—¿Mucho de qué?

—¿Te acuerdas de que los de la editorial me dijeron que estaban pensando en publicarme?

—Ah, sí, se me había olvidado, yo como de cómics no entiendo.

—Pues se han decidido y sí, van a publicarme. Ya sabes, una tirada pequeñita, una cosa de prueba. Veremos cómo respira el mercado y si gusto ¡quién sabe lo que me deparará el futuro!

Mi padre me mira lleno de orgullo pero algo se tiene guardado en la manga.

—Bueno, ahora que todo te va tan bien, ¿comprarás por fin un coche como tiene que ser?

—Pues no, papá, siento decirte que no. Ana tiene uno, es un poco viejo y pequeño, un utilitario, pero no necesitamos más hasta que, como dice mamá, ampliemos la familia.

—¡Uy, cariño! ¿Te lo planteas? ¡Cómo has cambiado!

—Tiene razón tu madre, cómo has cambiado hijo, cómo nos alegra verte tan feliz.

¿Cómo no voy a ser feliz? He conseguido un buen trabajo en el que me siento cómodo de verdad. Mi cómic va a ser publicado, pocos pueden decir que verán el sueño de su vida hecho realidad. Ana se muda a mi casa esta semana, es la mujer de mi vida, es sencilla, preciosa, inteligente y me quiere. Tal vez tengamos niños pronto, ¿por qué no? A mí me encantan y con el plan financiero que he llevado a cabo tengo la suficiente libertad para poder mantenerlo o, incluso, mantenerlos.

En realidad lo que me sucede es que utilizando el preahorro y el interés compuesto he conseguido el gran objetivo: dejar de tener miedo. Yo ya no temo nada, no temo defraudarme, soy un hombre libre que ha conseguido vivir su propia vida.

Gracias Javier, me has convertido en mi propio héroe.

Epílogo

Viernes, 20.30 h

—¡A ver señores! Empezamos. Hagan sus preguntas ordenadamente si son tan amables.

—Horacio, esta es tu primera publicación, sin embargo de *Ten peor coche que tu vecino,* ya se han vendido 150.000 ejemplares, además de haber sido premiado como la mejor novela gráfica del año. ¿Cómo concebiste la idea original que ha resultado un éxito arrollador?

—Es totalmente autobiográfica. Creí que mi primera obra debía ser una ilustración en todos los sentidos de lo que ha sido el periplo de mi vida hasta ahora y pensé que ayudaría a mucha gente a ver las cosas de otra manera.

—¡Aquí Horacio! *Revista Cervantes*, nos gustaría saber si, ahora que estás ganando tanto dinero entre tu trabajo y la publicación, has dejado de preahorrar o, al menos, has cambiado de coche.

—Al contrario, ahora preahorro mucho más, porque mi mujer, Ana, y yo pensamos lo mismo y aunamos esfuerzos. Y sobre el coche... por supuesto que no, tengo la sensación de que el pequeño coche que uso me está dando buena suerte, ¿no están de acuerdo conmigo?

—Muy agudo. Disculpe, Horacio, del *Europa Cultural*. Para entenderlo bien, ¿no tiene la tentación de gastar su fortuna?

—Mi fortuna, aunque les parezca un cliché, son mi mujer, mis gemelos, mi madre, mi padre, la satisfacción de mi trabajo y estar hoy aquí con ustedes. El dinero, supongo que se refiere a eso, es lo que me da la libertad necesaria para poder disfrutar de todo lo anterior. Gracias a que seguimos construyendo nuestra libertad financiera podemos hacer realidad nuestros sueños, como escribir esta novela gráfica.

—¿Y qué va a hacer con el dinero del premio?

—La mitad lo gastaremos en un viaje. Este año iremos todos juntos de vacaciones a un lugar que me apetece conocer desde hace tiempo.

—¿Irá a Bali? Como dice en su obra.

—Iremos a Bali, ha acertado usted.

—¿Y la otra mitad?

—La otra mitad irá a la fundación de un buen amigo.

Javier, tanto ayudarme él y, sin embargo, yo ni siquiera sabía a qué se dedicaba.

Fue un par de meses después de que Ana se mudara a casa, en la misma cafetería donde tuvimos nuestra primera charla; aquella en la que yo no hacía más que quejarme de mi vida, de llorar como un niño, y él no solo me consoló sino que me animó a emprender lo que ha sido el proyecto más importante que he emprendido jamás: recuperar mi vida. Allí, en la misma mesa en la que estaba sentado cuando conocí al triste artista abandonado a su suerte, al hombre gris, descubrí también que Javier iba a celebrar los premios anuales de su fundación.

—¡Perdona, Horacio! Ahora mismo te traigo ese café, tengo un lío con el *catering* de esta tarde.

—¿Desde cuándo hacéis *catering*, Tomás?

—¡Ah! Desde que hablé con Javier, tu vecino. Estuvimos charlando sobre esta maldita crisis, sobre los problemas que tenemos para cubrir los costes, y a Javier se le ocurrió que podríamos dar otros servicios a empresas para ampliar mercado e ingresar lo suficiente.

—¡Qué buena idea!

—Y tanto. Empezamos hace seis meses y nos va genial. Ya no tenemos miedo a los despidos, ¡si apenas damos abasto!

—Me alegro mucho, Tomás.

—Sí, por eso estamos hasta arriba. Hoy queremos agradecerle su ayuda poniendo nosotros el ágape en la fiesta de los premios de su fundación para jóvenes talentos discapacitados.

—¿Javier tiene una fundación?

—¿No lo sabes? ¡Qué me dices, con lo amigos que sois! Sí, dirige un proyecto en el que apoyan a los chavales a conseguir sus objetivos profesionales superando las barreras que puedan encontrarse por el camino. Si para alguien que tiene las dos piernas perfectamente el camino al éxito es dificilísimo, imagina el esfuerzo de los chicos en sillas de ruedas. Es que este mundo no está preparado para la igualdad. Nos queda mucho trabajo por delante con ese tema.

—¡Estás muy puesto en el asunto!

—Muy sensibilizado, sí, solo hay que ver cómo trabajan esos jóvenes y te quedas pasmado. Te das cuenta de que no valoramos lo que tenemos. ¿Oye, por qué no vas a la fiesta? Seguro que Javier estará encantado de verte allí. Desde luego que no supieras... ¡Vaya desastre eres!

La sorpresa sobre la dedicación de mi amigo Javier fue mayúscula. Hacía diez años había puesto en marcha su sueño, una fundación para desarrollar el talento de jóvenes discapacitados y se había convertido en una institución de referencia. ¡Cuán parecido era a ese personaje al que me había recordado en nuestro primer encuentro, el profesor Xavier! Ambos dedicados a la instrucción de jóvenes extraordinarios.

Por supuesto fui a la fiesta. Vi a los chicos resplandecientes recibir el reconocimiento por su duro trabajo y después compartí con Javier, que me recibió sonriente, una buena copa de vino y los magníficos canapés que mi amigo Tomás había preparado para la ocasión.

—Javier yo… Ahora me da vergüenza. Tú con este proyecto tan importante entre manos y además aguantando mis niñerías.

—Tú te sentías impotente, perdido, en el momento que nos conocimos eras mucho más inválido que cualquiera de estos chicos. No he hecho otra cosa que trabajar contigo de la misma manera que hago con mis alumnos, ayudándote a superar barreras y alcanzar tus sueños.

—No sé cómo podré agradecértelo, Javier.

—Tranquilo, seguro que algo se nos ocurrirá.

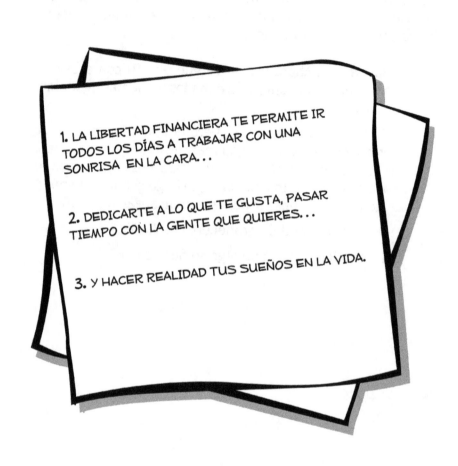

1. LA LIBERTAD FINANCIERA TE PERMITE IR TODOS LOS DÍAS A TRABAJAR CON UNA SONRISA EN LA CARA...

2. DEDICARTE A LO QUE TE GUSTA, PASAR TIEMPO CON LA GENTE QUE QUIERES...

3. Y HACER REALIDAD TUS SUEÑOS EN LA VIDA.

La historia de Horacio, en la primera parte del libro, es una forma sencilla de introducir la idea de la libertad financiera y de los pasos para alcanzarla. En esta segunda parte vamos a lo práctico, veremos qué puedes hacer hoy mismo para ser libre financieramente, con trucos, herramientas y casos reales (en varios he cambiado el nombre de la persona y algún detalle profesional, para respetar su privacidad).

En la página web www.tenpeorcochequetuvecino.com encontrarás artículos, vídeos y herramientas adicionales para ayudarte.

¿Por qué es tan importante construir tu libertad financiera?

La libertad financiera es el número de meses que puedes vivir sin reducir tu nivel de gasto si hoy mismo dejas tu trabajo. Es una cifra sencilla, y que sin embargo tiene una gran importancia. Tu libertad financiera mide el tamaño de tu red de seguridad, de tu colchón financiero si hay imprevistos, si las cosas van mal o si quieres emprender una aventura profesional.

Si tu libertad financiera es de seis meses, tu red de seguridad es muy pequeña. Es como tener una espada de Damocles sobre tu cabeza en todo momento. Sabes que si te lanzas y te equivocas, si un día tu empresa va mal y te echan, o si tienes cualquier problema de salud, las cosas se pondrán muy negras. Si tu libertad financiera es de varios años, ves la vida desde una perspectiva muy diferente. En mi caso, por ejemplo, mi libertad financiera es de 125 meses, algo más de diez años. Si mañana dejara mi trabajo, podría tomarme diez años sabáticos antes de necesitar volver a ganar un sueldo.

Tener mucha libertad financiera tiene tres grandes ventajas:

1. Te permite lanzarte a cumplir tus sueños. Como tienes una red de seguridad grande no tienes miedo de correr riesgos y de lanzarte a hacer realidad tus sueños profesionales o personales.

Caso real

Hace tres meses fui a comer con Ángel para pedirle consejo sobre un tema profesional. Le conocía de la empresa de consultoría en la que trabajé y siempre me había parecido una persona sensata e inteligente. Incluso teniendo un puesto muy importante era una persona muy abierta y accesible, así que era el candidato ideal para pedir opinión sobre el reto profesional que me había marcado.

Sabía que había dejado la empresa de consultoría y me imaginé que estaría barajando algún puesto de dirección en una empresa española o internacional. Aunque la crisis estaba golpeando fuerte, Ángel tiene tanta experiencia y contactos que no le resultaría difícil encontrar un buen puesto.

Pero su respuesta me sorprendió:

> —He sondeado el mercado y no hay ningún puesto que me motive. Además llevo tiempo dándole vueltas a la idea de montar una empresa, y esta es la oportunidad perfecta.

> —Pero Ángel, ¡con la que está cayendo!, ¿no es un poco arriesgado?

> —No te creas, he identificado una buena oportunidad de negocio y ahora con la crisis es más difícil que otras empresas se lancen a aprovechar esa oportunidad. Nadie tiene liquidez.

> —¿Y si no funciona?

> —Tengo un buen colchón acumulado de estos años. Me he marcado como plazo que la empresa sea rentable en dos años. Si no lo consigo buscaré un puesto de directivo como los que me están

ofreciendo hoy. No pierdo nada por intentarlo. Además, siempre he tenido la espinita clavada de montar una empresa y si no lo hago ahora, ¿qué voy a esperar? ¿A tener 70 años?

Cuando Ángel me contaba los detalles de la oportunidad de negocio y lo que estaba haciendo con su socio, le brillaban los ojos. Le apasionaba el tema y era un placer escucharle hablar de las distintas estrategias con redes sociales que estaba aplicando para hacerse un hueco en el mercado y captar clientes.

Estaba tranquilo porque sabía que tenía un buen colchón que cubría todos sus gastos durante los próximos años, así que podía dedicarse en cuerpo y alma a su proyecto. Por cierto, estaba cuidándose más, había perdido los kilos que le sobraban y se le veía mucho más joven y enérgico.

Hace unos días le pregunté cómo iba, y esta vez no me sorprendió nada su respuesta: «ya tenemos nuestros primeros clientes».

2. Tienes más éxito profesional. Cuanto más eres tú mismo en el trabajo, más éxito alcanzas. El miedo al fracaso o a perder tu trabajo inhibe tu creatividad en el trabajo y te impide sacar todo lo mejor de ti. Cuando eres libre financieramente desaparece el miedo a que te despidan o a qué dirá de ti tu jefe, y te concentras solo en dar lo mejor de ti. Curiosamente en el momento en que dejas de preocuparte sobre si pueden despedirte, empiezan a llegar los ascensos. Todos, incluidos tus jefes, queremos trabajar con gente segura de sí misma, que da lo mejor de sí y que se atreve a tomar riesgos calculados.

Caso real

Cuando viví en México me quedé impresionado con Silvia. Trabajaba en uno de los mayores periódicos de México, gestionaba la distribución en la capital y varias de las ciudades más importantes del país. Era excelente motivando a su equipo y anticipándose a los problemas logísticos pero lo que más me sorprendía no era eso, sino la capacidad de gestionar a su jefe.

En el periódico todos tenían pavor a su jefe. Le llamaban el pequeño dictador y le hacían burlas imitando a Charles Chaplin en la película *El gran dictador*. Burlas a su espalda, eso sí, porque a la cara nadie se atrevía ni a rechistar. Le tenían tanto miedo por sus ataques de ira que cuando había que darle malas noticias, se peleaban por no ser el que se las comunicase. Nadie se atrevía a decirle las cosas claras. Nadie excepto Silvia. En las reuniones con su jefe y otros empleados, Silvia era la única que hablaba, y la única que le decía a su jefe las cosas cuando no estaba de acuerdo con algo que él proponía.

Silvia me contó que ella había decidido desde el inicio de su carrera profesional que trabajaría por pasión, no por obligación. Desde el primer día laboral había creado un fondo para emergencias o por si perdía su trabajo. De esta forma siempre había podido trabajar en lo que le gustaba. Y cuando no le gustaba lo que hacía, lo dejaba y se tomaba su tiempo para buscar un trabajo que realmente le llenase.

El trabajo en el periódico le encantaba y admiraba la visión estratégica de su jefe pero sabía que si hacía como los demás y se atemorizaba ante él, nunca disfrutaría de su trabajo. Así que desde el primer día fue muy transparente y directa con su jefe.

Al principio su jefe se tomó muy mal que ella le dijera las cosas sin tapujos. La amenazó con echarla del periódico si persistía en esa actitud pero como Silvia no tenía ningún miedo a perder su trabajo no se amilanó, siguió siendo sincera y profesional en su trato. Al final quien cambió la actitud fue su jefe, ya que en pocos meses la consideraba la mejor empleada del departamento y acudía a ella cuando tenía dudas sobre una decisión. Decía que Silvia era la única que le decía lo que de verdad pensaba.

Tres años después, cuando su jefe ascendió a director del periódico, la primera persona a la que se lo comunicó fue a Silvia, quería que fuera su mano derecha y la ascendió a directora de distribución en todo México.

3. Vives feliz y tranquilo. Como dice Eduardo Punset: «el principal obstáculo para ser feliz es el miedo». Cuando vives con una red de seguridad debajo no tienes miedo a caerte o a equivocarte. Vives tranquilo y feliz. Puedes trabajar en un puesto que a otras personas les causa un estrés enorme pero que, sin embargo, a ti te parece una oportunidad para aprender y crecer. En definitiva, cambia totalmente tu perspectiva de la vida y empiezas a disfrutar cada momento.

Yo he vivido esa transformación en mi propia vida. De vivir con estrés y con miedo a equivocarme y fracasar en el trabajo, a estar completamente relajado e ir cada mañana a trabajar con una sonrisa en la cara. Además, me ha permitido realizar mi sueño personal de escribir este libro para ayudar a otras personas a ser más libres financieramente. Gracias a mi red de seguridad pude dejar de trabajar durante tres meses para centrarme exclusivamente en escribirlo. Así da gusto vivir.

¿Ser libre financieramente es lo mismo que ganar mucho dinero?

No, es mucho mejor.

Cuando ganas mucho dinero puedes comprar multitud de cosas: casas, coches de lujo, yates o aviones privados. El problema es que cuando tienes muchas cosas también tienes muchos gastos e impuestos asociados, por eso son tan frecuentes los casos de personas que ganan mucho dinero y que, sin embargo, tienen muy poca libertad financiera. Hace poco salió a la luz la verdadera situación de Michael Jackson quien a pesar de haber ganado cientos de millones de dólares durante su vida, murió con grandes deudas y problemas financieros.

Ser libre financieramente no requiere ganar mucho dinero. Es más, las personas que conozco que más libertad financiera disfrutan suelen tener un sueldo modesto, muchos no llegan ni a mileuristas.

Caso real

Para Andrés es muy importante pasar tiempo por las tardes con su sobrina. La ayuda con los deberes de matemáticas y lengua, juega con ella y la prepara para los exámenes del colegio. Andrés está muy unido a su familia y valora mucho el tiempo que pasa con ellos.

A pesar de que su salario como diseñador gráfico a media jornada no es muy alto, tiene muy pocos gastos mensuales y goza de una gran libertad económica. Esa libertad le ha permitido, por ejemplo, rechazar una oferta de empleo a jornada completa. Dice que las tardes son exclusivas para su familia.

¿Cuánta libertad financiera tienes hoy?

El primer paso para construir tu libertad financiera es conocer el punto de partida, cuánta libertad financiera tienes hoy.

Ejercicio: ¿cuánta libertad tienes hoy día?

Paso 1. Calcula de cuánto dinero dispondrías si hoy mismo dejaras tu trabajo y escríbelo. Suma únicamente:

- Dinero en tu cuenta bancaria, depósitos y formas de ahorro convertibles en dinero efectivo en menos de una semana. No incluyas vender tu casa o tu coche porque no son inmediatas, y además reducen tu nivel de vida.

- Paro total que cobrarías (la cantidad de subsidio multiplicado por todos los meses que te corresponderían) si dejaras voluntariamente tu trabajo.

No hagas trampas, no sumes el dinero de tu pareja ni cuentes con la posible ayuda familiar. Tienes que ser consciente de cuál es tu independencia en el mundo ahora mismo.

Paso 2. Calcula tu nivel de gasto mensual. Incluye los gastos fijos (alquiler o hipoteca, créditos, letra del coche, seguros, gastos fijos del hogar, colegio si tienes hijos, etc.) y los gastos variables (comida, ropa, gastos variables del hogar, gasolina, ocio).

Si durante los últimos meses no has ahorrado nada al final de mes, eso quiere decir que tu gasto mensual es igual a tu salario mensual. No te sorprendas, es algo muy común.

Paso 3. Calcula ahora tu libertad financiera: la suma de todo el dinero disponible si dejas tu trabajo hoy dividida por los gastos que tienes en un mes.

$$\text{Libertad financiera = suma de dinero disponible/}$$
$$\text{gasto mensual}$$

Para que no haya dudas, pongo un ejemplo: supongamos que el dinero disponible si hoy dejas tu trabajo son 10.000 euros, y tu gasto mensual es de 1.000 euros, entonces tu libertad financiera son 10 meses.

$$\text{Libertad financiera} = 10.000/1.000 = 10 \text{ meses}$$

El número que has obtenido es tu libertad financiera. Es el número de meses que puedes vivir sin reducir tu nivel de gasto si hoy mismo dejas tu trabajo. Mide el tamaño de tu red de seguridad.

¿Cuánta libertad financiera quieres tener?

Ahora que ya sabes cuánta libertad financiera tienes hoy, es el momento de decidir cuánta te gustaría tener. No hay ningún número correcto. Hay personas que están tranquilas con una red de seguridad de tres años y otras que prefieren tener más margen, como es mi caso.

Ejercicio: ¿cuánta libertad quieres tener?

Paso 1. Decide cuántos años de libertad financiera te gustaría tener y escríbelo.

En mi caso, mi objetivo de libertad financiera es diez años.

Paso 2. Escribe la fecha en la que quieres alcanzar esta libertad financiera.

Paso 3. Calcula, con tu nivel de gasto mensual actual, cuál es la suma de dinero que tienes que tener disponible en tus ahorros para alcanzar la libertad financiera que tú quieres.

Esta cantidad te da una idea del nivel de ahorro que necesitas, aunque verás que en realidad el objetivo es más fácil de lo que parece, gracias al poder del interés compuesto.

¿Qué tienes que hacer para construir tu libertad financiera?

Ahora que sabes cuánta libertad financiera te gustaría tener, te voy a contar unos trucos que puedes poner en práctica hoy mismo y que te ayudarán a alcanzar tu objetivo:

• Ten peor coche que tu vecino.

• Preahorra al menos la décima parte de tu sueldo.

• Ahorra tus subidas de sueldo.

• No te endeudes.

• Y si necesitas endeudarte...

• Genera ingresos pasivos.

• Elige un buen asesor financiero.

Puedes aplicarlos todos o solo algunos. Serás tú mismo quien decida cuáles son los más adecuados para ti y cuáles prefieres seguir.

1. LIBERTAD FINANCIERA = SUMA DE DINERO DISPONIBLE / GASTO MENSUAL

2. SER LIBRE FINANCIERAMENTE ES MUCHO MEJOR QUE GANAR MUCHO DINERO.

3. SER LIBRE FINANCIERAMENTE TE PERMITE LANZARTE A CUMPLIR TUS SUEÑOS, TENER MÁS ÉXITO PROFESIONAL Y VIVIR TRANQUILO.

Entre 1995 y 1996, Thomas J. Stanley y William D. Danko llevaron a cabo la investigación más rigurosa hasta la fecha sobre los hábitos y estilos de vida de los millonarios en Estados Unidos. El propósito del estudio era conocerles mejor para poder vender después artículos de lujo, coches, casas y otros tipos de productos *premium* a este segmento tan atractivo.

Las conclusiones del estudio que recogieron en su libro *The millionaire next door,* les hicieron replantearse todo lo que pensaban sobre los millonarios.

Cuando pensamos en gente millonaria, a nuestra mente llegan imágenes de ferraris, champán, yates con pista de aterrizaje para helicópteros y relojes de oro. Esta imagen proviene de las películas y la televisión, ¿cuál es el motivo? Que son estos personajes los que nos llaman la atención, la gente corriente, con hábitos comunes, no suele interesarnos.

Pero, de vez en cuando oímos hablar de algún millonario un poco extraño, como Sam Walton. Este hombre fue el fundador de Wal-Mart y una de las mayores fortunas del mundo; sin embargo, conducía una ranchera vieja. Lo mismo pasa con Carlos Slim, durante años el hombre más rico del mundo, que se niega a llevar un reloj de lujo y es el autor de célebres frases como «soy sobrio y mis hijos también, por gusto, por convicción, no por disciplina». Cuando oímos hablar a personas así creemos que son una rareza: ¿archimillonarios y espartanos? ¡Eso no puede ser verdad!

Lo que descubrieron Stanley y Danko fue que la mayoría de los millonarios siguen el modelo de Sam Walton: beben cerveza, no champán; lucen relojes de cuarzo y conducen coches sencillos, nada que ver con ferraris o BMW último modelo. Es más, el estudio concluyó que un nada desdeñable 37% de ellos conduce coches de segunda mano.

¿Cómo es posible que un millonario conduzca un coche de segunda mano?

Los millonarios, por sorprendente que nos parezca, son personas que tienen en muy alta estima el dinero que han ganado. Este es el motivo por el que suelen conducir coches en los que encuentran una buena relación calidad-precio. Además, saben que el valor de un coche se deprecia enormemente en cuanto lo sacas del concesionario así que, como hemos visto, un porcentaje alto de millonarios prefiere comprar coches de segunda mano.

Las personas que conducen coches de lujo o últimos modelos necesitan mostrar su estatus a los demás. No nos engañemos, existen en el mercado coches muy seguros, más que rápidos y extraordinariamente cómodos por un precio mucho menor a las marcas asociadas al *glamour*. Un coche muy caro suele ser bastante llamativo, sus propietarios lo utilizan como mensajes encubiertos a los demás; es su forma de decir al resto del mundo: «¡fíjate, he tenido éxito en la vida!». Salvo raras excepciones, las personas que conducen estos coches tienen altos salarios pero baja libertad financiera, porque su nivel de gasto también es muy alto. Para ellos, mostrar su estatus social es lo más importante, sin embargo esto no suele corresponder con una vida libre y feliz: son esclavos de la imagen. Lo que los americanos llaman *big hat, little cattle* (mucho sombrero, poco ganado).

Los millonarios, para sorpresa de Stanley y Danko, valoran tener libertad financiera muy por encima del estatus, ya que no necesitan mostrar a los demás que tienen dinero.

Caso real

Sam Walton es una persona que no he conocido personalmente, pero que me hubiera encantado conocer. En muchos aspectos me recuerda a mi abuelo, una persona honesta y trabajadora que no intenta aparentar algo que no es. Walton fue el fundador de unas de las mayores empresas del mundo, Wal-Mart, y una de las primeras fortunas mundiales.

En su biografía, *Made in America*, cuenta una de sus grandes aficiones: volar avionetas. Además de ser su entretenimiento, las utilizaba para elegir desde el aire las mejores localizaciones para sus nuevas tiendas.

Lo más curioso de su pasión por las avionetas es que nunca compró una avioneta nueva, siempre las adquiría de segunda mano. A pesar de que podía haber comprado un millón de nuevas avionetas con su inmensa fortuna, pensaba que la relación calidad-precio de las avionetas de segunda mano era mucho mejor.

Siempre es así, quien de verdad tiene libertad financiera no necesita demostrar nada a los demás.

¿Qué supone llevar siempre el último modelo de coche?

Veamos un ejemplo del impacto de llevar el último modelo de coche. Imagina que tienes dos opciones:

a) Comprar un coche último modelo por 32.000 euros.

b) Comprar un coche de la misma calidad pero sin tantos extras ni diseño puntero, de segunda mano, por 13.000 euros.

¿Cuál es la diferencia para tu libertad financiera?

Hagamos los cálculos:

Coche último modelo

Precio: 32.000 euros

Financiación: 7 años

Interés: 15%

Valor residual del vehículo tras 7 años: 5.000 euros

Pago mensual durante los próximos 7: 600 euros

Veamos la segunda opción:

Coche con similares prestaciones de segunda mano

Precio: 13.000 euros

Financiación: 7 años

Interés: 15%

Valor residual del vehículo tras 7 años: 2.000 euros

Pago mensual durante los próximos 7 años: 250 euros

Si decides comprarte el coche más modesto estás ahorrándote 350 euros al mes. Si estos 350 euros los inviertes durante esos siete años a un interés del 4%, al final del período tendrás 33.000 euros.

Es decir, con la diferencia entre comprar el coche último modelo u otro te puedes pagar la entrada de una casa.

¿Sorprendido? Pues no es magia, es pura matemática.

Caso real

Aparcado junto a mi Seat Ibiza en el garaje, un vecino guarda su Audi plateado último modelo. Este vecino es una persona inteligente y simpática. Es directivo en una gran empresa de consultoría tecnológica. Tiene una colección de relojes de lujo y una cámara de fotos profesional con un objetivo como el de los reporteros gráficos de los partidos de fútbol. Además del coche, guarda también en el garaje una preciosa motocicleta Harley Davidson de color negro y plateado.

Se diría que es una persona realmente exitosa, pero tiene un problema: la hipoteca, el coche, la motocicleta y demás gastos le obligan a mantener un salario elevado todos los meses. Su trabajo como directivo le causa muchísimo estrés y lo sabe, pero no puede dejarlo. Aún no ha cumplido los 50 y ya va por su segundo ataque al corazón y su segundo divorcio.

Por las mañanas, cuando salgo casi rozando su Audi, me pregunto cuántos ataques al corazón se necesitan para mostrar a los demás lo exitosos que somos.

¿Este truco se aplica solo a los coches?

En absoluto, lo puedes aplicar con cualquier artículo (un traje, un reloj, una bicicleta, un ordenador, un collar, etc.). La idea es muy sencilla, vivir por debajo de tus posibilidades, en lugar de intentar superar el tren de vida de la gente que te rodea.

Vivir a un nivel de gasto adecuado no solo te permite tener un colchón de seguridad ante cualquier imprevisto sino que, además, hace que valores mucho más todo lo que tienes y lo disfrutes al máximo.

Caso real

Cuando Marta, mi mujer, tenía 10 años, asistió a un colegio muy pijo de Madrid. Mientras estudiaba en casa de sus amigas, veía con envidia cómo ellas tenían montones de juguetes nuevos todos los meses. Además, todas las tardes tenían una merienda con bollos y coca-cola.

En casa de Marta, aunque sus padres gozaban de una buena situación económica, la cosa era distinta. Iba heredando los juguetes de sus hermanos mayores, y solo en Reyes o en su cumpleaños recibía nuevos juguetes. ¿Y la rica coca-cola? ¡Ni hablar de tomarla todos los días! Solo en celebraciones especiales o cuando venía alguna visita a casa.

Hoy en día, cuando Marta se toma una coca-cola, la disfruta como si fuera una celebración especial, lo mismo le pasa cuando se compra unos zapatos que le gustan o un traje. Lo que para otros es una cosa sin valor, ella lo aprecia de verdad.

Esto no es ni más ni menos que saber disfrutar de la vida.

Muchas veces nuestra sociedad de consumo nos intenta convencer de que para ser felices tenemos que comprarnos una casa más grande, un coche más lujoso o viajar a un destino más exótico.

En el fondo todos sabemos que es una gran mentira, pero a veces nos dejamos arrastrar por lo que hacen los demás. El truco ten peor coche que tu vecino te ayuda a no dejarte nunca engañar y a utilizar tu dinero en lo que de verdad te hace feliz.

¿Cómo ponerlo en práctica?

Cuando vayas a comprar cualquier artículo por encima de 100 euros párate un segundo y pregúntate:

- ¿De verdad lo necesito y me hará mucho más feliz?

- Si la respuesta es sí, entonces pregúntate: ¿no es mejor comprarlo de segunda mano?

¡Olvídate de lo que tienen los demás! Piensa solo en ti, en qué necesitas tú. Puede que tu vecino del quinto se haya comprado una bicicleta último modelo fabricada en aleación de carbono y kriptonita. Pero, seamos sinceros, ¿necesitas una bicicleta así para usarla un par de veces al año?

1. LAS PERSONAS VERDADERAMENTE EXITOSAS NO NECESITAN CONDUCIR UN COCHE ÚLTIMO MODELO PARA APARENTAR ANTE LOS DEMÁS EL ÉXITO QUE TIENEN.

2. TENER PEOR COCHE QUE TU VECINO SIGNIFICA VIVIR POR DEBAJO DE TUS POSIBILIDADES, NO DEJARTE ARRASTRAR POR LO QUE HACEN LOS DEMÁS, SINO GASTAR EL DINERO EN LO QUE TE HACE FELIZ A TI.

Preahorra al menos la décima parte de tu sueldo | 08

¿Te gustaría poder ahorrar más todos los años?

Si tu respuesta es sí, no eres el único. Al 83% de los participantes de la encuesta sobre ahorro que realizamos en www.tenpeorcochequetuvecino.com les gustaría ahorrar más todos los años. Si eres como ellos, he de decirte que tienes un poderoso enemigo que batir para lograr este objetivo: tú mismo.

Posponer lo que nos da placer hoy para conseguir uno mayor en el futuro requiere un gran esfuerzo de voluntad. En 1972, en la Universidad de Stanford, realizaron un famoso experimento llamado *Marshmallow experiment* (puedes verlo en YouTube, es muy divertido) que analizaba precisamente esta faceta de nuestra psicología: a un niño se le metía en una habitación, se le ponía una chuchería delante y se le explicaba que podía elegir entre tomarse la chuchería en ese momento o esperar cinco minutos hasta que el investigador volviese a la habitación y entonces tomarse, no una chuchería, sino dos. Una ganancia enorme a cambio de esperar unos pocos minutos.

¿Adivinas cuántos niños consiguieron esperar? ¡Solo el 30%! Siete de cada diez niños no fueron capaces de esperar cinco minutos, se comieron la chuchería, quedándose sin la otra. Este no es un problema de infantes. A medida que crecemos seguimos sin saber sacrificar una pequeña recompensa inmediata por una mucho mayor a medio o largo plazo.

Dos características tan naturales del ser humano como la necesidad de tener más y de tenerlo ahora mismo son precisamente las que no nos dejan ahorrar aunque tengamos la intención. Si no hacemos un gran esfuerzo de voluntad, es nuestra naturaleza humana la que nos hace gastar lo máximo que nos permitan nuestros ingresos y así conseguir el máximo placer cuanto antes.

Si al factor intrínsecamente humano le sumamos la cultura actual del hiperconsumo, en la que toda nuestra vida se orienta hacia la compra compulsiva; y, además, la facilidad con que los bancos han dado créditos al consumo e hipotecas provocando una ficticia sensación de poder adquisitivo al ciudadano, ¡cómo ser capaz de pensar en el ahorro!

Por estas razones, ahorrar no funciona, el secreto es preahorrar.

Caso real

En el penúltimo año de carrera realicé unas prácticas como ingeniero en una empresa francesa. Intenté ahorrar una parte del salario de becario pero no lo conseguí. Claro, me dije, mi salario es todavía muy bajo, en cuanto tenga uno mejor ahorraré.

Cuando terminé la carrera, empecé a trabajar en una empresa de consultoría con un sueldo muy bueno. ¿Sabes cuánto había ahorrado dos años después de empezar a trabajar con un salario muy alto?

Exactamente lo mismo que durante las prácticas. ¡Nada de nada!

Ganaba el doble, pero también gastaba el doble, así que nunca me quedaba nada que ahorrar a fin de mes.

¿Por qué preahorrar funciona tan bien?

Preahorrar consiste en pedirle a tu banco que todos los primeros de mes separe una parte de tu sueldo y la ponga automáticamente en una cuenta de ahorro. Se trata de evitar que nos pongan la chuchería delante, porque una vez que esté ahí sabemos que será muy difícil resistirnos.

El truco es que como el dinero no te llega al bolsillo, no tienes que hacer el esfuerzo de resistir a la tentación de gastarlo: ahorras automáticamente, sin darte cuenta.

Los resultados entre las personas que preahorran y nos siguen en www.tenpeorcochequetuvecino.com hablan por sí mismos. Ahorran de media un 17% de sus ingresos anuales, 10 veces más que las personas que intentan ahorrar a final de mes. Además de que ahorran más cada año, las personas que preahorran también lo hacen de forma más constante y durante más tiempo. La razón es evidente ya que una vez que das la orden al banco de que ahorre una parte de tu salario todos los meses, lo difícil es dejar de ahorrar.

Caso real

Miguel y Lucía son una pareja de arquitectos de Sevilla. Empezaron a preahorrar a los 30 años con un objetivo: querían jubilarse al cumplir los 40. Tenían el sueño de montar una fundación para ayudar a niños huérfanos del sudeste asiático y dedicarse plenamente a ella.

Empezaron preahorrando la décima parte de sus ingresos anuales e invirtiéndolo. Las inversiones les resultaron tan bien que decidieron preahorrar aún más, casi la tercera parte de sus ingresos anuales.

Dos semanas después de que Miguel cumpliese 42 años dejaron su trabajo y montaron su fundación. Desde entonces han ayudado a más de 20 niños huérfanos a recibir una educación completa y a encontrar un trabajo digno.

¿Pero si apenas llego a fin de mes, cómo voy a preahorrar?

A veces pensamos que justo en este momento estamos muy apurados de dinero, pero que en cuanto ganemos un poco más empezaremos a ahorrar. Nunca es así. Cuando ganas el doble, gastas el doble. Así que el momento para empezar a preahorrar es hoy, no mañana.

Si piensas que estás realmente muy apurado para llegar a fin de mes, simplemente empieza a preahorrar una cantidad pequeña, por ejemplo 50 euros al mes. Dentro de tres meses verás que tu vida sigue exactamente igual, que ni te das cuenta de que estás preahorrando. Pero eso sí, tu cuenta de ahorro va subiendo. Esto te animará a preahorrar aún más y a hacer crecer tus ahorros más rápido.

Caso real

Marisa tenía unos ingresos ajustados y llegaba muy apurada a fin de mes. Sin embargo decidió que quería empezar a preahorrar, aunque fuera poco.

Llevaba tiempo intentando dejar de fumar y pensó que esta era la oportunidad de matar dos pájaros de un tiro. Todos los meses gastaba de media 70 euros en tabaco. Así que empezó a preahorrar ese dinero todos los meses y dejó de fumar.

Un año después su trabajo como escritora empezó a dar sus frutos y pudo aumentar la cantidad que preahorraba todos los meses a 250 euros.

A los dos años miró hacia atrás e hizo balance. En estos meses había ahorrado más que en los 34 años anteriores de su vida. Y encima había conseguido dejar de fumar.

¿Cuánta libertad financiera generas al preahorrar?

Preahorrar es una forma muy efectiva de construir tu libertad financiera. Cuanto más preahorras más rápido crece. Además, cuando aumentas el porcentaje de tu salario que preahorras, por efecto del interés compuesto, el crecimiento de tu libertad financiera es exponencial.

Imagina que tienes unos ingresos mensuales de 1.000 euros netos. Esta es la libertad financiera que generarías según cuánto preahorres cada mes:

Caso A: preahorrando el 10% del sueldo mensual

Si tus ingresos son 1.000 euros netos y preahorras e inviertes el 10% de tu salario cada mes, gastándote el resto, al cabo de diez años y algunos meses podrías permitirte dejar de trabajar durante un año. La libertad financiera construida durante esos diez años te permite pagar todos los gastos de un año sin tener que reducir tu nivel de vida.

Caso B: preahorrando el 20% del sueldo mensual

Si en lugar del 10%, preahorras e inviertes el 20% de tu salario cada mes, en cinco años tendrás fondos suficientes para pagarte los gastos de un año entero sin necesidad de ingreso alguno.

Caso C: preahorrando el 33% del sueldo mensual

Lo espectacular es que si logras preahorrar la tercera parte de tu salario todos los meses, cada tres años de trabajo podrás darte el lujo de tomarte un año sabático, manteniendo tu nivel de vida. ¿Te imaginas? ¡Tres años de trabajo y uno de vacaciones!

El secreto es dar el primer paso. Empezar a preahorrar una parte de tu salario, aunque sea pequeña, y después ir aumentándola conforme veas los resultados.

Mi mujer y yo empezamos preahorrando un 15% de nuestros sueldos, pero conforme vimos los resultados fuimos aumentando la cantidad. Hoy en día preahorramos completamente mi sueldo, y vivimos con el salario de Marta, por eso nuestra libertad financiera es tan elevada.

¿Qué pasa si lo que quieres es disfrutar de la vida hoy y no esperar a tener 70 años?

Preahorrar te encantará. Ahorrarás sin darte cuenta y disfrutarás mucho más la vida hoy.

Hay personas que sueñan con jubilarse para poder dedicarse a sus entretenimientos o para realizar sus sueños. Personalmente creo que es mejor preahorrar y vivir la vida que tú quieres ahora, no cuando tengas 70 años.

Caso real

Diana perdió a sus dos padres en un accidente cuando tenía 19 años. Por eso su forma de ver la vida es muy clara: nunca sabes cuándo se acaba el espectáculo, así que más vale que lo disfrutes cada instante.

Ella preahorra, no porque le ofrece una mejor vida en el futuro sino porque le garantiza una mejor vida hoy. El año pasado, por ejemplo, perdió el trabajo en una reestructuración de su empresa. Mientras el resto de sus compañeros lo vivieron como una enorme tragedia (dos de ellos tuvieron depresión), para Diana fue una oportunidad.

Tenía un buen colchón monetario gracias a su preahorro, así que estaba tranquila. Se tomó un mes para recorrer Argentina con la mochila al hombro, que era algo que siempre había querido hacer. Después recibió varios cursos de traducción simultánea, y cuatro meses después del despido tenía un nuevo puesto que le encantaba y además cobraba un 20% más que antes.

¿Cómo es la vida cuando preahorras?

Preahorrar te cambia la vida:

- Como tienes un colchón por si las cosas no van bien, acabas haciendo tu trabajo por gusto, no por obligación. Olvídate de aguantar malos jefes o trabajos que te esclavizan. ¡Ahora sí puedes dedicarte a lo que siempre quisiste hacer!

- ¿Tienes algún trastorno de ansiedad o estrés? Si afortunadamente no lo padeces, seguro que conocerás a mucha gente que sí lo sufre. Cada vez más la población está cayendo en depresiones, trastornos alimentarios o trastornos de la conducta, ¡sobre todo en época de crisis! Si preahorras vives sin estrés. Se acabó el miedo a quedar desamparado.

- Estás tranquilo sobre tu futuro. Seis de cada diez personas temen no tener una jubilación adecuada. En la tuya disfrutarás de un nivel de vida envidiable, esta no será tu preocupación.

- ¿Una enfermedad, un accidente? Te proteges frente a problemas imprevistos. Te ocuparás de tu salud no de la factura del hospital ni de los medicamentos.

- Pasas más tiempo con los que más quieres. Tú eres dueño de tu tiempo, puedes disfrutar más de tu familia y tus amigos.

- Aseguras una buena educación para tus hijos: en primer lugar, puedes invertir en proporcionarles una ecuación de calidad; y en segundo lugar, les educas para que ellos también gestionen bien el dinero en sus vidas para ser más felices.

- Disfrutas de más vacaciones y tiempo de ocio. Puedes tomarte años sabáticos y disfrutar de más tiempo libre. Créetelo, eso es posible.

¿Cómo ponerlo en práctica?

Empezar a preahorrar te llevará exactamente cinco minutos. Simplemente tienes que ir a tu oficina bancaria y pedir que cada principio de mes separen una parte de tu salario y la metan en una cuenta de ahorro o también puedes hacerlo por Internet, configurando una transferencia periódica en tu cuenta.

Ejercicio: ¡preahorra ya!

Paso 1. Decide definitivamente el porcentaje de tus ingresos que vas a preahorrar para empezar. Escríbelo.

Paso 2. Ve al banco y da la orden de que te abran la cuenta de ahorro y desvíen la cantidad que hayas estimado en cuanto te ingresen tu nómina.

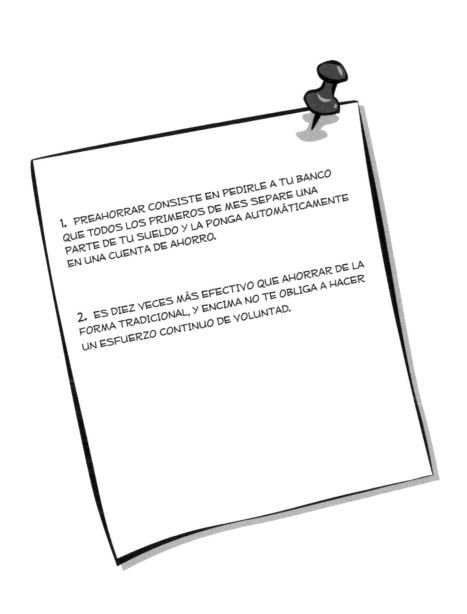

1. PREAHORRAR CONSISTE EN PEDIRLE A TU BANCO QUE TODOS LOS PRIMEROS DE MES SEPARE UNA PARTE DE TU SUELDO Y LA PONGA AUTOMÁTICAMENTE EN UNA CUENTA DE AHORRO.

2. ES DIEZ VECES MÁS EFECTIVO QUE AHORRAR DE LA FORMA TRADICIONAL, Y ENCIMA NO TE OBLIGA A HACER UN ESFUERZO CONTINUO DE VOLUNTAD.

Ahorra tus subidas de sueldo **09**

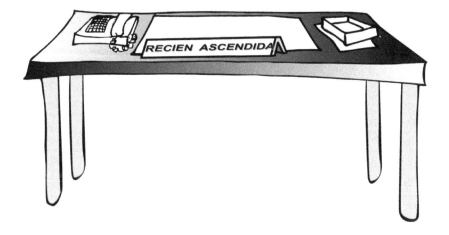

Cuando tenemos dinero en el bolsillo es muy difícil no gastarlo. Si entras en el centro comercial con los bolsillos llenos y ves ese videojuego que tanto te gusta, o esos pantalones que te sentarían genial, tienes que hacer un esfuerzo de voluntad sobrehumano para no comprarlos. Lo mismo pasa cuando recibimos un aumento de sueldo en el trabajo. Nos encontramos con más dinero en el bolsillo así que nuestro nivel de gasto inmediatamente sube y se adapta al nuevo nivel de ingresos. Empezamos a necesitar cosas que antes ni imaginábamos poseer: un coche nuevo, una cena en ese restaurante tan de moda, la suscripción al gimnasio, etc., una lista interminable. Esta espiral del gasto creciente te atrapa con independencia de si tienes un nivel de sueldo alto o bajo.

Caso real

Sebastián es alto directivo en uno de los mayores bancos de Londres. Estudió empresariales y finanzas entre España y Francia, y además ha realizado un máster de finanzas en Estados Unidos. Es un experto de las finanzas internacionales, y está especializado en titulización.

A pesar de toda la educación financiera que ha recibido y de tener un sueldo de seis cifras, vive con el agua al cuello. El fin de semana pasado estuve hablando con él y me comentaba preocupado que con la crisis tenía miedo de no recibir el bono a final de año porque lo necesita para vivir.

Se ha metido en un nivel tan alto de gastos que, incluso teniendo un salario altísimo, vive siempre estresado y preocupado por no llegar a fin de mes.

Una forma muy sencilla de romper la espiral del gasto creciente es ahorrar las subidas de sueldo. Como el dinero de la subida no llega a tu bolsillo, nunca tienes la tentación de aumentar tu nivel de gasto. Ahorras sin ningún esfuerzo de voluntad.

Durante los diez primeros años de vida laboral de las personas es frecuente que su sueldo llegue a doblar lo que recibía cuando empezó. Utilizando el truco de preahorrar las subidas de sueldo te resultará muy fácil llegar a ahorrar todos los meses una cantidad considerable sin ningún esfuerzo.

Caso real

Mi hermano Javier se cambió hace poco de trabajo. Con el nuevo puesto llegó una subida de sueldo y mayores comisiones de ventas. Javier ya estaba acostumbrado a vivir con el nivel de salario anterior, así que cuando empezó a recibir más sueldo y comisiones decidió utilizarlos para pagar por adelantado un préstamo personal que había contratado unos meses antes y la hipoteca de su casa.

Me explicó que sus necesidades estaban cubiertas, y que los caprichos que pudiera permitirse con el nuevo sueldo no le compensan frente a la satisfacción de quitarse todas sus deudas más rápido.

¿Cómo ponerlo en práctica?

Es uno de los trucos más sencillos de poner en práctica. Como todavía no te has acostumbrado al nuevo nivel de salario es muy fácil separarlo y ahorrarlo.

Ejercicio: gestiona tus subidas de sueldo

Paso 1. Apunta la cuantía de las subidas de sueldo los últimos diez años por encima de la inflación anual. Calcula cuánto dinero tendrías ahora si la hubieras ahorrado y contaras con los intereses que te habrían generado.

Paso 2. Da la orden a tu banco de separar de forma automática la parte correspondiente a cada nuevo aumento de sueldo, e ingresarla en una cuenta de ahorro.

¡Ya está! Ni te enterarás de este cambio y tu libertad financiera estará aumentando cada día.

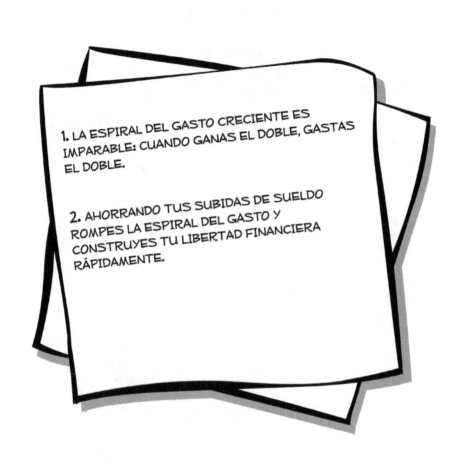

1. LA ESPIRAL DEL GASTO CRECIENTE ES IMPARABLE: CUANDO GANAS EL DOBLE, GASTAS EL DOBLE.

2. AHORRANDO TUS SUBIDAS DE SUELDO ROMPES LA ESPIRAL DEL GASTO Y CONSTRUYES TU LIBERTAD FINANCIERA RÁPIDAMENTE.

¿Cuáles son los riesgos de endeudarte?

Todos los días la televisión, la radio, los periódicos, Internet, en todos los medios de comunicación imaginables te bombardean con mensajes publicitarios ofreciéndote facilidades de pago: «compra ahora y no pagues hasta septiembre» o «te lo financiamos al 0% de interés durante los seis primeros meses».

Puede parecer que todo son ventajas pero hay que tener en cuenta los tres grandes peligros de endeudarte:

- Gastas más de lo que necesitas. Con esas financiaciones consiguen hacer que compres más cosas de las necesarias.

- Te cuesta mucho más dinero que pagar al contado ya que tienes que pagar los intereses.

- Te conviertes en esclavo del dinero por la necesidad de hacer frente a los pagos mensuales, adiós a tu libertad.

Vamos a ver en detalle cada uno de los riesgos de endeudarte.

La deuda te hace gastar más de lo necesario

Imagina que un día estás paseando por un centro comercial y ves en un flamante escaparate el último ordenador iMac de Apple con nueva pantalla LED de 27 pulgadas, procesador Intel de doble núcleo, 1 TB de tamaño de disco duro. Precio: 1.449 euros.

Piensas: la verdad es que mi viejo Mac no me ha dado ningún problema y tampoco lo uso de manera profesional. Además 1.449 euros no es ninguna tontería. Estás a punto de pasar de largo… pero de repente te fijas en un cartelito al lado del iMac que dice: «compra tu nuevo Mac desde solo 60 euros al mes». ¡Ahora todo cambia! ¡Por solo 60 euros podrías llevarte un ordenador nuevecito a casa! Entonces tu cerebro empieza a razonar como quieren los publicistas: mi Mac me lo compré hace ya cuatro años, está muy viejo, además este tiene una pantalla bastante más grande con la que podría hacer mejores montajes de fotos y vídeos; sin contar con que me estoy quedando un poco corto de espacio en mi ordenador actual; de hecho si reduzco un poco el número de veces que voy a restaurantes al mes lo podría pagar. Así que entras, lo pruebas, te convences y lo compras. Te lo entregarán la semana que viene. ¡Y ni siquiera tienes que pagar entrada! ¡El iMac ya es tuyo!

En este ejemplo ha ocurrido algo mágico. Si hubieses tenido que pagarlo al contado jamás habrías comprado el ordenador nuevo y seguirías trabajando con tu ordenador antiguo, pero al existir una financiación fácil has cambiado de idea y lo has comprado. Es decir, la deuda te ha hecho gastar dinero en algo que no necesitabas.

Este efecto se puede aplicar a cualquier cosa, no solo a las grandes compras. Los estudios muestran un hecho sorprendente: cuando pagamos en el supermercado con tarjeta de crédito en vez de en efectivo, gastamos de media el doble en cada compra. Es decir que cuando pagamos en plástico tenemos tendencia a gastar mucho más.

Caso real

¡El precio del suelo siempre sube!

Esto es lo que decía mi amigo Ricard cuando se compró un apartamento en Barcelona nada más terminar la carrera. Como el precio de las casas siempre sube una hipoteca es una inversión fantástica, me contaba. Se hipotecó para los siguientes 30 años.

Cuando se casó, el apartamento se le quedaba pequeño y decidieron comprar un piso más grande.

Después de mucho buscar encontraron un chalet precioso, el único problema es que costaba casi el doble de lo que buscaban. Como el banco les concedió financiación, no se lo pensaron dos veces, se lanzaron y contrataron su segunda hipoteca, esta vez a 40 años.

Hace un año, con la crisis, bajaron sus ingresos y empezaron a tener problemas para pagar las dos hipotecas. Como el apartamento ya no se alquilaba, lo pusieron en venta. Se llevaron una desagradable sorpresa porque el precio había caído un 30% desde la compra así que con lo que obtuvieron de la venta no fueron capaces ni siquiera de cancelar la mitad de la primera hipoteca (¡recuerda los intereses!).

Los recibos mensuales les ahogaban y empezaron a surgir fuertes tensiones en la pareja. Su mujer le recriminaba que habían intentado vivir por encima de sus posibilidades y que ahora lo estaban pagando.

Seis meses después se divorciaron. Perdieron el chalet y todavía les queda una deuda que pagar durante muchos años.

Pagar a plazos cuesta mucho más que pagar al contado

Volvamos al ejemplo del iMac. Hay un pequeño detalle que hemos pasado por alto, la cuota es de solo 60 euros al mes, pero ¿durante cuánto tiempo? Cuando preguntas al dependiente te lo dice: ¡solo 36 meses! ¿No es fantástico? Veamos, 60 euros al mes durante 36 meses son 2.160 euros. Pagando al contado, el ordenador solo habría costado 1.449; es decir, la financiación te está cobrando unos intereses de 711 euros en total. ¡771 euros! No, querido dependiente, no es fantástico en absoluto. ¡Es un robo!

Por si todavía tuvieses alguna duda, este es un anuncio de un gran centro comercial que he oído hace poco en la radio: «compra tus electrodomésticos y págalos en 12 meses sin ningún coste; además, si los compras al contado, te hacemos una rebaja del 10%». Es evidente, ¿no? Aunque en el anuncio digan que pagar en 12 meses no supone ningún coste, en realidad están cobrando un 10% de más, es una triquiñuela de mercadotecnia para esconder los intereses.

A la hora de comprar, ten siempre en cuenta que pagar a plazos significa en la mayoría de los casos pagar como mínimo un 10% de intereses anuales. En compras de valor muy grande y que tardarás varios años en pagar, como un coche o la hipoteca de una casa, eso significa que puedes terminar pagando el doble de lo que te costaría si comprases al contado.

Caso real

Susana se compró una casa en Bilbao con hipoteca porque decía que no quería tirar su dinero en el alquiler.

Un año después hizo los cálculos de lo que pagaba cada mes en intereses e impuestos municipales y se dio cuenta de que en realidad era la misma cantidad que lo que hubiera pagado por un alquiler. Es decir, comprar la casa con hipoteca resultaba igual que pagar por la casa y encima por el alquiler.

Lo peor es que ahora Susana estaba atada a su casa y no pudo aprovechar varias oportunidades laborales que le surgieron en otras ciudades.

La presión para devolver el préstamo te esclaviza

Este es el problema más importante de la deuda. Los créditos y las hipotecas pueden situarte en un nivel de riesgo enorme. Nadie puede decir que su sueldo es seguro al 100%, ¿verdad? Sin embargo, tengas o no tengas empleo, lo que siempre permanecerá es la deuda. Te has convertido en su esclavo.

Si tienes una deuda relevante, como una hipoteca o el pago a plazos de un coche, tendrás un nivel de riesgo elevado, y eso te impedirá ser libre a nivel personal y profesional. ¿Estás harto de tu trabajo y te gustaría cambiar? Con deuda es algo muy difícil ya que no puedes permitirte no ingresar una cantidad fija mes a mes. ¿Te están obligando a trabajar muchas más horas de lo que te corresponde? Si tienes deuda y dependes de tu sueldo para pagarla no podrás negarte. ¿Estás enfermo y necesitas un descanso? No te pongas de baja, aunque tu salud dependa de ello. No te arriesgues, si te despiden la deuda acabará con lo que quede de ti. ¿Quieres reducir la jornada para atender a tu bebé? ¡Ni lo sueñes! Solo puedes llorar por las esquinas porque la deuda te obliga a aceptar eso y mucho más.

Caso real

Hace unos meses leí un reportaje que me estremeció. Narraba la historia de Carlos, un inmigrante ecuatoriano que vino a España buscando una vida mejor. Encontró un trabajo en la construcción. En los años del *boom* del sector no le faltaba trabajo así que podía empezar a permitirse ciertos gastos, saliendo de la pobreza en la que siempre había vivido en Ecuador.

Consiguió traer a su familia. Su mayor ilusión era comprarse un piso, lo que le daría mucha tranquilidad para el día que se jubilase y permitiría a sus hijos crecer y educarse en un entorno estable.

Pues bien, como le pasó a mucha gente, el sueldo no le permitía acceder a un piso sin una hipoteca pero los bancos estaban concediéndolas a unos tipos de interés muy baratos (¡qué suerte!). Carlos hizo sus cálculos, se acercó a una oficina bancaria y salió con una hipoteca bajo el brazo que le permitió comprar un pisito de 70 metros cuadrados. Iba un poco apretado con la cuota mensual pero era un esfuerzo necesario para conseguir el sueño de tener su propio hogar.

¿Te suena? Esta situación se ha dado miles de veces en los últimos años.

Lo que ocurrió más tarde es una desgracia que ya afecta a millones de personas: con la llegada de la crisis Carlos perdió su empleo. De repente se encontró sin ningún ingreso mensual pero teniendo que hacer frente a la hipoteca. Dejó de pagar y el banco, ejerciendo su derecho, le embargó la casa.

Carlos y su familia pasaron a vivir hacinados en una única habitación compartiendo piso con otras familias, sin un euro, y además debiendo la hipoteca al banco aunque no tenían casa.

¿Esto quiere decir que nunca debes endeudarte?

Lo importante es que si te endeudas conozcas los riesgos en que te metes y los sepas contrarrestar. En el siguiente capítulo veremos algunas recomendaciones si quieres utilizar la financiación para realizar una compra.

Es importante que utilices la compra a plazos solo cuando sea imprescindible. Ya has visto que conlleva grandes peligros, así que es mejor evitarla en lo posible. Personalmente yo solo la recomendaría para la compra de tu vivienda habitual y siguiendo las recomendaciones del capítulo siguiente.

Además de evitar los tres grandes peligros que hemos visto, obligarte a ti mismo a no endeudarte tiene una ventaja adicional: te fuerza a agudizar el ingenio para conseguir lo que quieres.

Caso real

Gregorio aprovechó unos meses que estuvo en el paro para realizar un curso de fotografía profesional. El tema le apasionó y decidió que quería seguir profundizando y especializarse en retratos artísticos.

Para llegar al nivel que quería necesitaba comprar un buen equipo de fotografía, su precio de segunda mano era de casi 3.000 euros. Como no tenía ese dinero en efectivo se planteó comprarlo a plazos pero su mujer le propuso una idea mejor: ganarlo vendiendo sus fotos.

Con su cámara antigua, Gregorio se dedicó a realizar retratos a familiares, amigos y conocidos. Descubrió una oportunidad de negocio muy atractiva: fotos creativas de niños y bebés. A los padres les encantaba y pedían un montón de copias para regalar a los abuelos y familiares.

En seis meses Gregorio había conseguido el dinero para comprarse el equipo que quería y, lo mejor de todo, había comenzado su cartera de clientes de retratos. Cuando salió del paro y encontró trabajo decidió seguir con este entretenimiento que además le aportaba un sueldo extra cada mes.

¿Es una solución refinanciar tu deuda?

Si tienes préstamos y estás ahogado, lo último que debes hacer es acudir a una empresa refinanciadora de deuda.

Imagínate el siguiente caso: Víctor tiene una hipoteca por la que paga 1.200 euros al mes, y una deuda por la compra a plazos de su coche, por la que paga 150 euros al mes.

Como la cuota mensual total que tenía que pagar (1.350 euros) se come casi todo su sueldo, decidió acudir a una empresa de refinanciación y reunificación de deudas. Después de haber hablado con ellos y de firmar el contrato correspondiente, Víctor salió contentísimo ya que a partir de ese momento su cuota mensual iba a ser de solo 800 euros.

¿Milagro? ¿Magia? ¿Dónde está el truco?

Cuando acudes a una empresa de refinanciación y reunificación de deudas, esa empresa hace básicamente tres cosas:

- Te alarga el plazo para repagar la deuda. Por ejemplo, si antes solo te quedaban 15 años para pagar toda la deuda que tenías, la refinanciadora te alargará ese plazo a 30. De este modo de forma mágica te reduce la cuota mensual a pagar.

- Te incrementa el interés. Si antes estabas pagando un interés anual del 7%, después de la visita a la refinanciadora tendrás que pagar un 8 o 9%. Esta es la forma en la que la refinanciadora gana dinero y significa que al final del préstamo habrás tenido que pagar mucho más dinero del que tendrías que haber pagado si no hubieses refinanciado.

- Se asegura de que le vas a pagar. La refinanciadora firmará con mucha probabilidad un contrato contigo por el que, en caso de que dejes de pagar las cuotas mensuales, tenga derecho de embargarte la casa, el coche u otros bienes de los que seas propietario.

Es decir acudir a una empresa de refinanciación y reunificación de deuda implicará, en la mayoría de los casos, terminar pagando mucho más, durante más tiempo y sin ninguna libertad.

¿Si quieres reducir tu deuda, qué debes hacer?

El primer paso es muy sencillo: no endeudarte más. Esto es lo más complicado, porque una vez que nos acostumbramos al crédito, es difícil parar.

El segundo paso es deshacerte de tu deuda actual. Una forma muy efectiva es la siguiente: utilizar el dinero que preahorras cada mes para pagar tu deuda más pequeña. Una vez la hayas pagado, utilizar el dinero que pagabas todos los meses por esa deuda para ayudarte a pagar la siguiente, y así sucesivamente como si fuera una cascada.

Por ejemplo, imagínate que tienes tres deudas:

- Un préstamo personal a un año, por el que pagas 150 euros al mes.

- Un préstamo por el coche a tres años, por el que pagas 100 euros al mes.

- Una hipoteca a 30 años por la que pagas 700 euros al mes.

Empiezas con la deuda más pequeña: el préstamo personal. Decides utilizar los 300 euros que preahorras todos los meses en pagarla, así que en seis meses la has liquidado. Después utilizas esos 150 euros más el dinero de preahorro para pagar el préstamo del coche: ahora ya tienes 450 euros cada mes pagando la deuda y la liquidas en menos de un año. Después te dedicas a pagar la hipoteca, pero ahora cuentas con 550 euros extra al mes.

Como ves, este método en cascada acelera el ritmo al que pagas tus deudas y además tiene un importante efecto motivante: vas venciendo a tus deudas una a una, empezando por la más pequeña, así que cada vez tienes más fuerza para enfrentarte a la siguiente.

Caso real

Cuando celebró su 57° cumpleaños, mi madre tenía en propiedad tres casas pero dos hipotecas. Ella es una persona muy responsable y trabajadora que durante décadas había llevado un ritmo de trabajo altísimo como profesional en el sector de telecomunicaciones y docente en la universidad.

El problema es que ahora que quería disfrutar más de la vida y tener más tiempo libre sencillamente no podía. Las dos hipotecas suponían 2.000 euros de gastos mensuales, con lo que estaba siempre con el agua al cuello y no podía reducir su nivel de ingresos ni un euro.

Para reducir su nivel de deuda acometió el problema por partes.

Utilizando el dinero que preahorraba cada mes empezó quitándose un pequeño crédito personal que había pedido para una emergencia familiar y que le costaba 300 euros al mes. Después utilizó ese dinero más su preahorro para eliminar el préstamo del coche en un tiempo récord.

Más tarde les llegó el turno a las hipotecas: decidió vender una de las casas, un pequeño apartamento en la montaña que casi nunca utilizaba. No fue una decisión fácil pues lo había tenido durante más de 20 años y le daba pena deshacerse de él. Al final pensó que era más importante ser libre y poder disfrutar la vida que tener un apartamento en la montaña. Con el dinero de la venta canceló completamente una de las dos hipotecas y la otra la redujo en duración a solo cinco años.

De esta forma, en diez meses redujo su nivel de gasto mensual de 2.000 a 800 euros. Esto le permitió trabajar menos horas y poder disfrutar de más tiempo libre.

Cuando cumplió 58 años parecía una persona distinta, se libró de las ojeras permanentes y del estrés que siempre la acompañaba y en su cara por fin apareció una sonrisa de felicidad.

¿Cómo ponerlo en práctica?

Un paso en la buena dirección es cambiar tus tarjetas de crédito por tarjetas de débito. Las tarjetas de débito tienen todas las ventajas de las tarjetas de crédito (por ejemplo, no necesitas llevar dinero encima, puedes sacar dinero en cualquier cajero y comprar por Internet) pero no tienen sus inconvenientes: no te hacen gastar más de lo que necesitas, no te cobran intereses ni te convierten en esclavo de una deuda.

Aunque la mayoría de las tarjetas de crédito solo te cobran intereses cuando te retrasas en un pago, la realidad es que esto sucede en muchas más ocasiones de las que pensamos. Y en ese caso es probable que tengas que pagar un interés cercano al 15%. Utilizando únicamente tarjetas de débito te ahorras sustos y problemas.

Ejercicio: elimina tus deudas

Paso 1. Visita tu oficina bancaria y pide que sustituyan tus tarjetas de crédito por tarjetas de débito.

Paso 2. Haz una lista de tus deudas pendientes. Escríbelas.

Paso 3. Utiliza el método de cascada para liquidar tus deudas, empezando por la más pequeña.

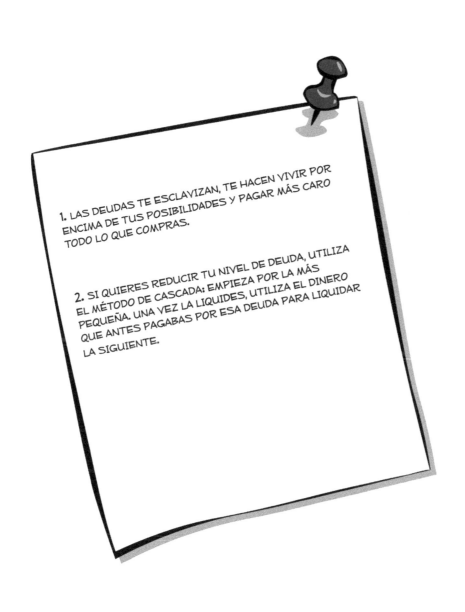

1. LAS DEUDAS TE ESCLAVIZAN, TE HACEN VIVIR POR ENCIMA DE TUS POSIBILIDADES Y PAGAR MÁS CARO TODO LO QUE COMPRAS.

2. SI QUIERES REDUCIR TU NIVEL DE DEUDA, UTILIZA EL MÉTODO DE CASCADA: EMPIEZA POR LA MÁS PEQUEÑA. UNA VEZ LA LIQUIDES, UTILIZA EL DINERO QUE ANTES PAGABAS POR ESA DEUDA PARA LIQUIDAR LA SIGUIENTE.

Y si necesitas endeudarte | 11

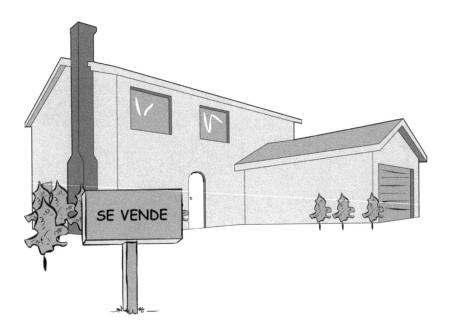

¿Cómo elegir la mejor hipoteca para tu casa?

Cuando pedimos un crédito o hipoteca tendemos a centrarnos en una cifra: la cuota mensual que hay pagar. Es natural porque incide directamente en nuestro nivel de vida cada mes.

Como los bancos y empresas financieras saben esto, se dedican a ofrecernos cuotas mensuales muy bajas y atractivas para que lo pagues «sin darte cuenta». Para conseguir ofrecerte tan buenas condiciones aumentan la duración del pago y te obligan a pagar muchísimo más en intereses ya que ellos también utilizan el efecto del interés compuesto.

El factor clave a la hora de elegir una financiación no es la cuota mensual, sino la cantidad total de intereses pagados. Esta es la cifra que tienes que preguntarle al banco, ¡ya verás qué sorpresas te llevas!

A veces reducir la cuota mensual en solo 50 euros puede hacer que termines pagando el doble de intereses. Por eso, cuando pidas un préstamo busca pagar la menor cantidad total de intereses, no la cuota mensual más baja.

¿Y cómo logras reducir la cantidad total de intereses pagados?

Cuando busques hipoteca concéntrate en dos cosas:

- Conseguir el menor tipo de interés anual (TAE). No te dejes impresionar por cafeteras Nespresso ni regalos similares. La diferencia entre pagar un tipo de interés del 4% o del 4,5% puede suponer varias decenas de miles de euros en la cantidad total de intereses pagados, aunque la cuota mensual sea muy parecida.

- Pagar en el menor plazo posible. Recuerda el efecto del interés compuesto: cuando pagas en el doble de tiempo los intereses no se duplican, se multiplican por cuatro. Si pides una hipoteca, busca pagarla en un plazo máximo de 15 años (idealmente en 10 años), de esta forma pagarás una cantidad total de intereses mucho menor y además evitarás el peligro de comprar una casa por encima de tus posibilidades.

Caso real

Cuando uno de mis mejores amigos quiso comprar casa, decidió no hipotecarse más de 15 años. Encontró un piso que les encantaba a su mujer y a él, y se hicieron el paseo de todos los bancos para conseguir el menor tipo de interés anual.

El problema era que incluso con el mejor tipo, no eran capaces de pagar la hipoteca en menos de 20 años. Así que, en contra de la opinión de sus padres y amigos, decidieron esperar y seguir buscando.

Seis meses después pusieron a la venta otro piso en el mismo bloque. La familia que lo vendía quería deshacerse del piso rápido y el precio era bastante bajo. Finalmente, mis amigos solo necesitaron pedir una hipoteca de 13 años para comprar su hogar.

Cuando estrenaron el piso hicieron una fiesta de celebración. Mi amigo me contó bromeando que con lo que se ahorraban pagando la hipoteca en 13 años en lugar de 20, se podían comprar una segunda residencia en la playa en el futuro.

¿Cómo ponerlo en práctica?

Si necesitas pedir un crédito o hipoteca, pregunta siempre en cada banco que visites la cantidad total de intereses que tendrás que pagar, no solo la cuota mensual a pagar.

Céntrate en buscar el tipo de interés anual más bajo y si es una hipoteca, un plazo de pago inferior a 15 años.

Ejercicio: elegir crédito o hipoteca

Paso 1. Visita al menos cinco bancos para comparar las condiciones. Escribe aquí las condiciones que te ofrecen:

Nombre del banco	Tipo de interés anual (%)	Plazo de pago (años)	Cuota mensual (euros)	Total de intereses a pagar (euros)

Paso 2. Pregunta la cantidad total de intereses que vas a pagar en la duración total de la hipoteca, no solo la cuota mensual.

Paso 3. Busca el tipo de interés anual más bajo y una hipoteca que puedas pagar en menos de 15 años.

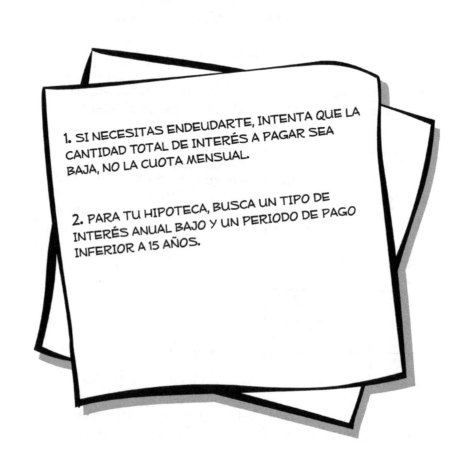

1. SI NECESITAS ENDEUDARTE, INTENTA QUE LA CANTIDAD TOTAL DE INTERÉS A PAGAR SEA BAJA, NO LA CUOTA MENSUAL.

2. PARA TU HIPOTECA, BUSCA UN TIPO DE INTERÉS ANUAL BAJO Y UN PERIODO DE PAGO INFERIOR A 15 AÑOS.

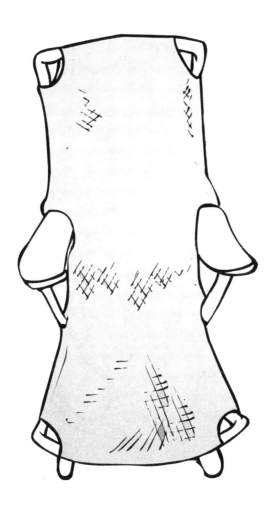

¿Qué son los ingresos pasivos?

Mi madre trabaja como profesora de universidad y mi padre como policía. También mis abuelos eran asalariados de empresas, por eso desde pequeño siempre creí que la única forma de tener ingresos es trabajando en una empresa y ganando un sueldo. ¡Qué equivocado estaba!

Es muy importante saber que existen dos tipos de ingresos: activos y pasivos.

Ingresos activos

Son los que resultan de tu trabajo por cuenta ajena, mes a mes. Si eres profesor o empleado en una agencia de viajes por ejemplo, tu sueldo mensual es tu ingreso activo.

Si nos enfrentamos a la pregunta ¿cómo generar más ingresos?, muchos nos encontramos frente a un gran interrogante o, peor aún, un muro de imposibilidad: ¿cómo voy a generar más ingresos si soy empleado? ¿Cómo me van a pagar más? Además, si me pagan más, tendré más impuestos y lo que me queda adicional en la nómina será bien poco.

Para los trabajadores autónomos la situación es algo diferente, si bien también se ven confrontados con limitaciones de tiempo y recursos. En su caso, la limitación es la cantidad de horas que ya trabajan y la imposibilidad de obtener más clientes o mayores ventas por cliente, sin añadir esfuerzo u horas de trabajo.

Los ingresos activos tienen varios inconvenientes: el primero y más importante es que en el momento en que dejas de trabajar también dejas de recibirlos. Si un día te hartas de tu trabajo como publicista y abandonas tu puesto en una agencia de publicidad, sabes que no cobrarás tu sueldo todos los meses. El segundo inconveniente es que la única forma de ganar más ingresos activos es trabajar un mayor número de horas o ganar más por cada hora trabajada. En el primer caso existe un límite de horas que puedes rendir; y, el segundo, sabemos que es bastante complicado de conseguir por cuenta ajena.

Ingresos pasivos

Los ingresos pasivos son los que recibes sin necesidad de un trabajo constante o una inversión regular. Por ejemplo, si eres propietario de un apartamento y lo alquilas a otras personas, el dinero que recibes es un ingreso pasivo.

Si eres músico y tocas en un concierto, el dinero que obtienes por tocar es un ingreso activo porque requiere tu tiempo. Sin embargo, los derechos o *royalties* que recibes por tus canciones que suenan en la radio o en la televisión son ingresos pasivos porque no requieren más tiempo del que ya has realizado con la composición, interpretación y grabación de la pieza.

Los ingresos pasivos tienen una gran ventaja. Aunque requieren una inversión inicial de tiempo o dinero, después no exigen tu trabajo. Por eso te generan una enorme libertad financiera.

¿Cómo puedes generar ingresos pasivos?

Estas son cuatro fuentes de ingresos pasivos que puedes generar fácilmente:

• Alquileres.

• Dividendos y rentas.

• Derechos o *royalties*.

• Venta automatizada de productos.

Veamos cada una con más detalle.

Alquileres

Una forma sencilla de generar ingresos pasivos es comprar y alquilar propiedades a terceros. Las más comunes son las casas y plazas de garaje.

Caso real

Marina es una amiga italiana. No estudió ninguna carrera. Trabajó desde los 18 años como vendedora de seguros, utilizando su sueldo para comprar tres apartamentos destinados al turismo americano en la costa de Génova.

Hace poco tuvo su primer hijo y decidió dejar de trabajar para pasar más tiempo con el niño.

¿Por qué pudo dejar de trabajar completamente?

Porque puede vivir de los rendimientos del alquiler de sus tres apartamentos y no necesita trabajar en la aseguradora. Gracias a sus ingresos pasivos, Marina ha alcanzado una libertad financiera total.

Además de la forma más directa, la de comprar casas para alquilarlas a terceros, existe otra posibilidad muy atractiva para generar ingresos pasivos por alquileres: aprovechar tus propiedades actuales infrautilizadas para alquilarlas.

Imagínate, por ejemplo, que tienes un apartamento donde vives durante todo el año excepto en vacaciones de verano. Es una excelente oportunidad para alquilarlo en ese período y obtener unos ingresos extra, sin apenas trabajo de tu parte.

Lo mismo puedes hacer con una plaza de garaje que solo utilices a determinadas horas o con cosas más sencillas como un equipo de iluminación fotográfica.

Caso real

Cada año pasamos unos días de verano en un apartamento en la costa gallega. En este apartamento vive durante todo el año una familia. En verano y Semana Santa alquilan su casa y se van de viaje. Y lo mismo hacen con una pequeña barca de pescar que tienen amarrada junto al puerto.

Con lo que sacan del alquiler todos los años hacen varios viajes espectaculares por Europa y además les queda dinero para ahorrar, 2.000 euros extra al año.

Dividendos y rentas

Cuando inviertes en depósitos, bonos o en acciones en bolsa, estos te generan unas rentas anuales. Al preahorrar todos los meses, el capital que tienes invertido crece muy rápido, así que puedes tener unas rentas anuales muy significativas.

Caso real

Samuel lleva preahorrando e invirtiendo en fondos desde que empezó a trabajar como ingeniero hace 16 años.

En la actualidad sus inversiones le dan una renta anual tan alta como su salario en la empresa que le permitirían dejar de trabajar en cualquier momento y vivir de sus ingresos pasivos.

Royalties

Cuando patentas un proceso o un producto puedes licenciarlo después a empresas que te pagan unos derechos o *royalties* por cada producto vendido.

Si has encontrado una solución a un problema que te preocupaba, paténtala, verás que muchos otros también compartían ese mismo problema (así se inventó el Tipp-Ex).

Más adelante te explico cómo monetizar tus habilidades y generar este tipo de ingresos.

Venta automatizada de productos

Internet posibilita la venta automatizada de productos sin necesidad de trabajo por tu parte. Por ejemplo, puedes escribir un libro electrónico sobre un tema que te interesa, publicarlo en Amazon y recibir dinero por cada una de las descargas.

Más adelante te cuento cómo puedes identificar y aprovechar este tipo de oportunidades de generar ingresos pasivos.

¿Cómo tener éxito en la venta automatizada de productos?

A todos nos encanta escuchar historias como la de Tim Ferriss.

Caso real

Tim Ferriss ha desarrollado un negocio de suplementos dietéticos para estudiantes deportistas, bodyQUICK y gana 40.000 euros al mes. Ha automatizado todas las partes del negocio (captación de nuevos clientes por anuncios en Internet, producción en manos de terceros, distribución del producto, etc.), así que solo necesita cuatro horas a la semana para gestionar su negocio. El resto del tiempo se dedica a viajar, conocer nuevas personas y aprender cosas que le interesan.

«¿Por qué el resto de las personas no hacen como yo?», se preguntaba, así que decidió contar su experiencia y los trucos que utiliza en el libro *La semana laboral de 4 horas*. No te lo puedes perder.

No todos los negocios automatizados producen 40.000 euros al mes de beneficios, pero sí que es fácil crear un negocio automatizado que te genere un buen sobresueldo dedicándole muy pocas horas al mes.

En su libro *La semana laboral de 4 horas*, Tim Ferriss explica un método para crear este tipo de negocios automatizados que a mí me ha resultado muy útil:

Paso 1. Elige un nicho de mercado que conozcas

Lo ideal es escoger un nicho de mercado al que perteneces porque así conoces mejor sus necesidades.

Por ejemplo, César acaba de tener su segundo hijo y ya no le da tiempo a salir a correr todos los días o ir al gimnasio, pero no quiere que le salga barriga (su mujer está de acuerdo con la conclusión a la que ha llegado). Se da cuenta de que igual que él, hay un nicho de personas con esa misma necesidad y decide atacarlo.

Paso 2. Piensa en posibles productos para ese nicho

Lo ideal es un producto que se tarde poco en producir y con un precio bajo o medio.

César decide probar con un producto sencillo, a través de Internet encuentra un fabricante de materiales deportivos que tiene un banco de abdominales plegable que cuesta 170 euros.

Ese banco le permite hacer los ejercicios básicos para mantenerse en forma. Lo prueba durante unos meses y adapta varias rutinas que antes hacía en el gimnasio a este aparato. Está encantado con los resultados y cree que también puede ayudar a otras personas que se encuentran en la misma situación que él.

Paso 3. Detecta si hay demanda para el producto

Antes de comprar o producir el producto asegúrate de que hay gente que quiere obtenerlo.

César decide realizar dos sencillas pruebas: prepara un pequeño anuncio del producto con su teléfono y lo cuelga en el tablón de la asociación de padres del colegio de su niña mayor. Además se gasta 50 euros en anuncios a través de Google AdWords. En las tres semanas siguientes recibe casi 20 llamadas de padres de su colegio que están interesados en el producto, y 12 se concretizan en la compra del banco. César lo tiene claro, hay demanda para su idea.

Paso 4. Lanza el producto automatizando el proceso

Una vez que te aseguras de que existe la demanda, lanzas el producto. Además debes automatizar todo el proceso de pago y distribución del producto.

César decide centrar su acción comercial en anuncios en las asociaciones de padres de colegios de su ciudad. Alcanza un acuerdo con el fabricante del banco de abdominales que se encarga de la distribución del producto, y que le ofrece a César un margen del 40% como distribuidor. Después de unas semanas, como el número de clientes va aumentando, César invierte en una página web en la que los clientes interesados pueden informarse, hacer el pedido y realizar el pago con tarjeta. Al cabo de seis meses, César tiene un negocio automatizado que le proporciona 1.500 euros al mes por una hora a la semana de trabajo.

¿Cómo monetizar tus habilidades?

Todos tenemos habilidades escondidas, poco aprovechadas por diferentes motivos. Estas habilidades en manos de la empresa adecuada pueden multiplicar los ingresos de dicha empresa y, por supuesto, conseguir que los beneficios derivados de ello repercutan en nuestro bolsillo, ya que somos generadores de valor.

Esas habilidades son un tesoro escondido al que no le estamos prestando la merecida atención. ¡Debemos monetizarlas!

Para identificar cuáles de tus habilidades tienen un valor concreto y pueden monetizarse debes hacerte estas tres preguntas:

- ¿Cuáles son mis activos personales (experiencia, conocimiento, habilidades, etc.) que tienen un valor concreto para una empresa o sector determinado?

- ¿Quién daría su brazo derecho por conocer lo que yo sé, por tener ciertas habilidades específicas que aplicadas a su empresa multiplicarían sus beneficios?

- ¿Cómo puede medirse el beneficio de mi aportación personal a la empresa?

Ejemplos de estas habilidades son aquellos métodos que ahorren energía o materias primas, que aumenten las ventas en un porcentaje concreto y demostrado, ejemplos de publicidad con mayor respuesta cuantificable, etc. El secreto es identificar un valor concreto y cuantificable.

Cuanto más podamos medir el valor de nuestro conocimiento (en porcentaje de ahorro, en porcentaje de aumento de ventas, en aumento de rendimiento) más fácil es vender dicha habilidad. Solo las habilidades medibles y demostrables pueden generar valor a una empresa o individuo y comercializarse.

Por ejemplo, un gerente en una planta de secado de madera que desarrolle un método de secado que mejore la calidad de la madera y reduzca el gasto de energía un 15% puede contactar con otros secaderos de madera en diversos países y licenciar su método a cambio de unos derechos o *royalties*. Otro ejemplo sería un dentista que desarrolle una carta de presentación que, por la forma en que está redactada, atraiga y aumente sus ingresos por nuevos clientes en un 20%, puede vender el modelo de carta a dentistas de otras zonas a cambio de una cantidad fija de dinero o un porcentaje del aumento de ingresos que consigan.

La clave es identificar el beneficio concreto que genera tu aportación (reducir el gasto de energía un 15%, aumentar los ingresos por nuevos clientes un 20%), de esta manera resulta fácil ofrecerlo a otras personas.

Adicionalmente para vencer la resistencia se puede ofrecer hacer una demostración, previa firma de un acuerdo, que no implique muchos recursos y demuestre la validez de nuestro conocimiento o habilidad.

Caso real

La especialidad de Manuel es el desarrollo de tecnología para la agroindustria de frutas y verduras. Ha trabajado 18 años como director de desarrollo de productos para multinacionales del sector de distribución de productos perecederos y semillas (Chiquita, Driscolls, Syngenta).

Hace dos años desarrolló un método para mejorar la calidad de la fruta y al mismo tiempo reducir varios gastos asociados a su maduración y lo patentó. Contactó con varias empresas productoras y les presentó su solución, que suponía un ahorro considerable para ellas.

Tres empresas manifestaron su interés y Manuel les propuso un sistema de derechos o *royalties* por el cual se llevaría un porcentaje del ahorro producido en cada fruta. Para las compañías era una cantidad insignificante, pero para Manuel resultaban unos ingresos pasivos de más de 100.000 euros anuales.

¿Cómo ponerlo en práctica?

Existen multitud de posibilidades de generar ingresos pasivos. Este ejercicio te ayudará a identificar habilidades que puedes monetizar.

Ejercicio: identifica tus habilidades

Paso 1. ¿Cuáles son mis activos personales (experiencia, conocimiento, habilidades, etc.) que tienen un valor concreto para una empresa o sector determinado?

No importa que no estés en esa empresa o sector en este momento. Primero identificamos habilidades y después pensaremos cómo aplicarlas.

Apúntalas.

Paso 2. ¿Quién daría su brazo derecho por conocer lo que yo sé, por tener ciertas habilidades específicas que aplicadas a su empresa multiplicarían sus beneficios?

Escríbelo al lado de cada habilidad que hayas identificado.

160

Paso 3. Lo más complicado, ¿cómo puede medirse el beneficio de mi aportación personal a la empresa?

Te toca la difícil tarea de ponerle precio a tu habilidad y calcular el rendimiento que obtendría un tercero si utilizara tu habilidad. La compensación por el valor generado puede ser a cambio de un pago único o un porcentaje del beneficio generado (ahorro o ventas adicionales).

Recuerda que cuanto más cuantifiques el valor de tu conocimiento (en porcentaje de ahorro, en porcentaje de aumento de ventas, en aumento de rendimiento) más fácil es vender dicha habilidad.

Calcúlala.

Paso 4. ¡Actúa! Haz una propuesta a las empresas que creas que pueden estar interesadas en tu habilidad.

Haz diez visitas y si no has conseguido ningún cliente revisa la propuesta con la información que te hayan dado en las visitas (soluciona las dificultades que te haya puesto el comprador potencial).

1. LOS INGRESOS PASIVOS SON LOS QUE RECIBES SIN NECESIDAD DE TRABAJAR CONSTANTEMENTE

2. ESTAS CUATRO FUENTES DE INGRESOS PASIVOS ESTÁN A TU ALCANCE: ALQUILERES, DIVIDENDOS Y RENTAS, VENTA AUTOMATIZADA DE PRODUCTOS, Y ROYALTIES

162

¿Cuándo necesitas un asesor financiero a tu lado?

Imagínate que quieres construir tu propia casa. Tienes un precioso terreno frente al mar con espacio para una casa amplia, un jardín e incluso un cenador cubierto con una parra. Durante los últimos cinco años has trabajado duro y has ahorrado para comprar todos los materiales y pagar a los obreros.

El día antes de empezar a construir te viene a ver el jefe de obra y te pregunta: «¿dónde está el arquitecto? ¿Puedo ver los planos?». Y tú le contestas: «no necesitamos arquitecto. He leído varias revistas de decoración y arquitectura, así que tengo claro lo que quiero». Suena ridículo, ¿verdad? Es la receta perfecta para que se te caiga el techo encima con las primeras lluvias primaverales.

Esto es el equivalente de lo que hace mucha gente con sus inversiones, trabajan muy duro para ahorrar un dinero y a la hora de invertirlo se dejan llevar por rumores o intuiciones sin fundamento.

Caso real

Cuando terminé mi MBA me creía perfectamente capacitado para invertir mi dinero, así que me lancé sin pensarlo dos veces.

A los seis meses había perdido un 27% del valor de mis ahorros. Cometí tantos errores estúpidos que cualquier persona que se dedica profesionalmente a la inversión se habría reído de mí.

Aprendí la lección y busqué a un buen asesor. Desde entonces mis inversiones han tenido un rendimiento muy alto todos los años y yo me concentro en lo que se me da bien, no intento jugar a ser un bróker.

Cuando quieres construir tu casa, a no ser que seas arquitecto, el primer paso es buscar un arquitecto que te ayude a diseñarla. Eso mismo tienes que hacer con las inversiones, es imprescindible contar con un buen asesor financiero a tu lado.

Si vas a dejar todo el dinero que ahorras en depósitos bancarios, no necesitas a nadie, basta con recorrer los distintos bancos y ver cuál te ofrece mayor interés en sus depósitos. Pero si quieres mayor rendimiento (acciones, fondos, bonos, bienes inmuebles, etc.) y no eres un experto inversor, necesitas contar con uno.

Un buen asesor financiero te ayuda a:

- Obtener el mayor interés por tu dinero, de acuerdo a los parámetros de inversión que tú le fijes (por ejemplo, cuanto nivel de riesgo estás dispuesto a asumir).

- Optimizar tus inversiones para pagar menos impuestos.

- Dormir tranquilo y centrarte en tu trabajo, sabiendo que hay alguien que trabaja para sacar el mayor rendimiento de tus inversiones.

¿Cómo lo eliges?

Hay personas que a la hora de invertir siguen ciegamente lo que les dice el director de su sucursal bancaria o un amigo. No buscan otras alternativas ni se informan de verdad sobre dónde están metiendo su dinero.

Si quieres comprar una casa y necesitas una hipoteca, te dedicas a visitar diferentes bancos y comparar las condiciones que te ofrecen. A nadie se le ocurre contratar una hipoteca sin haber comparado antes con, al menos, otras dos alternativas.

Para elegir adecuadamente un buen asesor financiero, como mínimo debes comparar las condiciones que te ofrecen tres entidades. Es interesante que hables con tu banco actual, que contactes con empresas especializadas en inversiones (agencias de valores) y que preguntes a amigos y conocidos por referencias en la gestión de su dinero.

A la hora de evaluar la propuesta de cada asesor, es importante tener en cuenta:

• Solvencia de su entidad, banco o agencia de valores.

• *Track record* del asesor o, lo que es lo mismo, a qué personas ha ayudado y cuánto les ha hecho ganar en los últimos años. Si es posible habla con alguna de estas personas.

• Disponibilidad del asesor. Cada cuánto tiempo va a revisar tus inversiones, cuánta atención podrá dedicarte y si estará dispuesto a verte en cualquier momento que necesites su consejo.

• Propuesta de inversión que te ofrece. Es importante comparar entre las diferentes entidades. Algunos asesores te ofrecen ciertas inversiones simplemente porque ganan más comisiones con ellas, no porque sean las más adecuadas para ti.

• Cuáles son las comisiones a pagar cada año. Es interesante pedirle que te haga una simulación de cuánto dinero tendrás que pagar los tres primeros años por sus servicios, según cómo vayan las inversiones.

• Impuestos a pagar cada año. ¡Esencial!

• El importe de las penalizaciones o, lo que es lo mismo, cuánto te costará si en algún momento decides salir de la inversión realizada.

Cuando hablas con diferentes asesores, te das cuenta de que existen diferencias muy importantes entre lo que ofrecen unas entidades y otras.

Caso real

Cuando empecé a buscar asesores financieros, hice una primera selección de seis entidades que me podían interesar, todas ellas de mucha solvencia y con referencias. Visité todas y pedí una propuesta de inversión.

Un mes después tenía todas las propuestas sobre mi mesa. Me habían pasado varios test para determinar qué tipo de riesgo estaba dispuesto a asumir y para qué horizonte de tiempo quería mi inversión. El tipo de inversiones que me proponían eran muy similares. Sin embargo, la comisión que me iban a cobrar no.

Una de ellas me ofrecía unas comisiones casi cuatro veces menores que el resto. Además el grado de atención era el más personalizado y profesional de todas.

Gracias a que me tomé el tiempo de comparar logré un excelente asesoramiento y con un nivel de comisiones muy bajo.

Además de estos criterios, para mí es muy importante saber si el asesor tiene su propio dinero invertido en lo que te está ofreciendo y con las mismas condiciones que te está proponiendo. Y me gusta saber también cuánto dinero han generado sus inversiones personales en los últimos años.

¿Quieres profundizar en el tema de la inversión?

Todos los conocimientos que adquieras en el tema de inversión te ayudarán a saber mejor qué es lo que quieres y sacar mayor partido de tu asesor financiero. De entre todas las webs y recursos disponibles, te recomiendo el libro *Finanzas personales: cuatro principios para invertir bien* de Juan

Palacios (LID Editorial), que está escrito de forma amena y rigurosa al mismo tiempo.

¿Cómo ponerlo en práctica?

Ejercicio: elige tu asesor financiero

Paso 1. Determina el dinero que vas a invertir en un primer momento. Escribe la cantidad.

Paso 2. Ve a tu banco y pide que te preparen una propuesta financiera adaptada a tus necesidades. Apunta las condiciones generales que te ofrecen.

Paso 3. Visita otros asesores financieros y compara sus propuestas. Apúntalas.

Paso 4. Vuelve a hacer otra ronda de tus asesores financieros, presentándoles las propuestas que te han hecho en otras entidades. En muchos casos mejorarán aún más sus condiciones.

1. ELEGIR UN BUEN ASESOR FINANCIERO TE QUITA MUCHOS QUEBRADEROS DE CABEZA Y TE HACE GANAR MUCHO MÁS POR TUS INVERSIONES

2. PARA ELEGIR UN BUEN ASESOR, COMPARA LAS PROPUESTAS DE AL MENOS TRES ENTIDADES

3. NO TE LIMITES A ESCUCHAR SU PROPUESTA. PÍDELES EL RENDIMIENTO DE SUS PROPIAS INVERSIONES Y DE OTRAS PERSONAS A LAS QUE LES GESTIONAN SUS INVERSIONES

Mi sueño personal:
haberte sido útil

Hace seis años, el día que se volvía a Brasil, mi amigo Fernando Okumura me regaló el libro *Padre rico, padre pobre* de Robert Kiyosaki. Gracias a esta obra oí hablar por primera vez de la libertad financiera y de los ingresos pasivos. Cambió mi perspectiva y me motivó a hacer cambios. Para mí esto es lo que caracteriza un buen libro: no solo te hace pensar, además te inspira a cambiar algo en tu vida.

Mi sueño personal con *Ten peor coche que tu vecino* es que pongas en práctica al menos uno de los trucos que has aprendido en el libro. Sé que cambiará tu vida como lo ha hecho conmigo y te ayudará a ser más libre y feliz. Te hará recordar con cariño la persona que te lo regaló.

En la página www.tenpeorcochequetuvecino.com encontrarás entrevistas a personas como tú que han decidido construir su libertad financiera y hacer realidad sus sueños. Te cuentan sus pequeños trucos y experiencias. Te animarán a dar los primeros pasos.

¡Mucha suerte!

luis pita

Luis Pita tiene 35 años y su libertad financiera es de diez años. Es decir, si mañana dejase de trabajar, podría seguir viviendo con su nivel de vida actual durante la próxima década. No lo ha logrado por ser el fundador de Google ni por haber recibido una herencia multimillonaria, sino porque ha puesto en práctica todo lo que explica en este libro. Es ingeniero industrial y MBA por el MIT (Massachusetts Institute of Technology). Es director comercial de la empresa de e-learning Fidelia Group.

Autores que te hablan cara a cara.

LID Editorial te acerca a sus autores, para que los conozcas mejor y construyas tus proyectos sobre sus ideas, a través del servicio LID Conferenciantes, la red de especialistas en empresa.

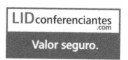

MÁS ALLÁ
DE LA PALABRA ESCRITA

Autores que te hablan cara a cara.

Descubre LID Conferenciantes,
un servicio creado para que las empresas
puedan acceder en vivo y en directo
a las mejores ideas, aplicadas a su
entorno por los más destacados
creadores del pensamiento empresarial.

- Un espacio donde sólo están
  los mejores para que sea fácil seleccionar
  al conferenciante más adecuado.

- Un sitio con todos los datos y vídeos para
  que estés seguro de lo que vas a contratar.

- Un punto lleno de ideas y sugerencias
  sobre las cuestiones más actuales
  e interesantes.

- Un marco para encontrar directamente
  a los grandes ponentes internacionales.

- El único servicio de conferenciantes
  con el saber hacer de unos editores
  expertos en temas empresariales.

- La red de los mejores especialistas
  en empresa que cubre España
  e Iberoamérica.

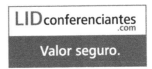

LIDconferenciantes
.com
Valor seguro.

19
años

NOS QUEDA MUCHO POR HACER

- 1993 Madrid
- 2007 Barcelona
- 2008 México DF y Monterrey
- 2010 Londres
- 2011 Nueva York / Buenos Aires
- 2012 Bogotá

CPSIA information can be obtained
at www.ICGtesting.com
Printed in the USA
BVHW051659091019
560631BV00020B/819/P

9 788483 566565